1682

SAMMLU
METZLE

D0827769

REALIENBÜCHER FÜR GERMANISTEN

ABT. D:

LITERATURGESCHICHTE

BARBARA KÖNNEKER

Hans Sachs

—

MCMLXXI
J. B. METZLERSCHE VERLAGSBUCHHANDLUNG
STUTTGART

ISBN 3 476 10094 4

M 94

© J. B. Metzlersche Verlagsbuchhandlung und Carl Ernst Poeschel Verlag GmbH
in Stuttgart 1971. Satz und Druck Georg Appl, Wemding
Printed in Germany

INHALTSVERZEICHNIS

VI

ABKÜRZUNGSVERZEICHNIS

ADB	Allgemeine Deutsche Biographie
AfdA	Anzeiger für deutsches Altertum
Archiv	Archiv für Literaturgeschichte
AT	Altes Testament
BLV	Bibliothek des Literarischen Vereins in Stuttgart
DL	Deutsche Literatur in Entwicklungsreihen
DLZ	Deutsche Literaturzeitung
DNL	Deutsche National-Litteratur
DVjs.	Deutsche Vierteljahrsschrift für Literaturwissenschaft und Geistesgeschichte
Enr.	Einzeldrucke
Euph	Euphorion
Fol.	Die Nürnberger Folioausgabe von Sachs' Werken (s. S. 13)
Fs.	Festschrift
Fsp(p).	Fastnachtspiel(e)
G	Sämtliche Fastnachtspiele von Sachs hg. v. E. Goetze (s. S. IX)
GD	Sämtliche Fabeln und Schwänke von Sachs hg. v. E. Goetze und C. Drescher (s. S. IX)
GLL	German Life and Letters
GR	Das Generalregister der Sachsschen Dichtungen (s. S. 11)
Hs(s).	Handschrift(en)
hs.	handschriftlich
JEGP	Journal of English and German Philology
Jh.	Jahrhundert
K	Die Kemptner Ausgabe der Werke von Sachs (s. S. 13)
KG	Hans Sachs Werke hg. v. A. v. Keller und E. Goetze (s. S. IX)
Ltbl.	Literaturblatt für germanische und romanische Philologie
Ma.	Mittelalter
mal.	mittelalterlich
MG (G)	Die von Sachs handschriftlich zusammengestellten Bücher seiner Meisterlieder (s. S. 11)
Ml(l).	Meisterlied(er)
MLR	Modern Language Review
MPh.	Modern Philology
Ms.	Meistersang
Mttlg.	Mitteilungen
NdL	Neudrucke deutscher Literaturwerke des 16. und 17. Jahrhunderts
NT	Neues Testament

Die Nummern hinter den im Text angeführten Titeln Sachsscher Dichtungen beziehen sich auf das Register in KG 25. In den entsprechenden Abschnitten werden die Schwänke nach GD (mit Angabe von Bd u. lfd. Nr) und die Fastnachtspiele nach G (mit Angabe der lfd. Nr) zitiert.

LITERATURVERZEICHNIS

Das Literaturverzeichnis ist, soweit möglich, nach Sachgruppen geordnet. Da Überschneidungen häufiger vorkommen, wurden die Titel zusätzlich fortlaufend numeriert; die in [] gestellten Ziffern bei den Literaturhinweisen im Text beziehen sich auf diese Numerierung. Literaturgeschichten wurden nicht berücksichtigt.

Ausgaben

Hans Sachs Werke. Hg. v. A. v. Keller u. E. Goetze. 26 Bde. 1870/1908; repr. Nachdr. 1964. (BLV 102–106, 110, 115, 121, 125, 131, 136, 140, 149, 159, 173, 179, 181, 188, 191, 193, 195, 201, 220, 225, 250.)

Sämtliche Fastnachtspiele von Hans Sachs. In chronologischer Ordnung nach den Originalen hg. v. E. Goetze. 7 Bde. 1880/87; Bd 1: [2] 1920; Bd 2: [2] 1957. (NdL 26 f., 31 f., 39 f., 42 f., 51 f., 60 f., 63 f.)

Sämtliche Fabeln und Schwänke von Hans Sachs. In chronologischer Ordnung nach den Originalen hg. v. E. Goetze u. C. Drescher. 6 Bde. 1893/1913; Bd 1: [2] 1953 (NdL 110 ff., 126 ff., 164 ff., 193 ff., 207 ff., 231 ff.); Bd 3–6 enthalten Mll.

Dichtungen von Hans Sachs. Hg. v. K. Goedeke u. J. Tittmann. 3 Bde. 1870/71 (Dt. Dichter des 16. Jhs. 4–6.)

Hans Sachs' Werke. Hg. v. B. Arnold. 2 Bde. 1884/85. (DNL 20, 21.)

Hans Sachsens ausgewählte Werke. Hg. v. P. Merker u. R. Buchwald. 2 Bde. 1911. (Neudr. mit einem Nachwort v. W. Stammler 1961.)

Hans Sachs Werke. Hg. v. K. M. Schiller. 2 Bde. 1960, [2] 1966. (Bibliothek Dt. Klassiker.)

Vier Dialoge von Hans Sachs. Hg. v. R. Köhler, 1858.

Das deutsche Kirchenlied von der ältesten Zeit bis zu Anfang des XVII. Jhs. Hg. v. Ph. Wackernagel. Bd. 2, 1864, Nr 1403 ff.; Bd. 3, 1870, Nr 80 ff.

Die historischen Volkslieder der Deutschen. Hg. v. R. v. Liliencron. Bd 3, 1867, Nr 412 ff.; Bd 4, 1869, Nr 442 ff. repr. Nachdr. 1966.

Der hürnen Seufrid. Zum ersten Male nach der Handschrift des Dichters hg. v. E. Goetze, 1880, [2] 1967. (NdL 29.)

Das Gemerkbüchlein des Hans Sachs. Nebst einem Anhang: die Nürnberger Meistersingerprotokolle von 1595–1605. Hg. v. C. Drescher, 1898. (NdL 149 ff.)

Hans Sachs. Des Dichters 107 originale Holzschnittbilderbogen. Hg. v. M. Geisberg. 4 Bde. 1928.

Die Sturmtruppen der Reformation. Hg. v. A. E. Berger, 1931, S. 281 ff. (DL Reformation 2.)

Lied-Spruch- und Fabeldichtung im Dienste der Reformation. Hg. v.
A. E. Berger, 1938, S. 123 f., 232 ff. (DL Reformation 4.)
Hans Sachs Studies I. Das Walt got: A Meisterlied. With Introduction, Commentary, and Bibliography hg. v. F. Hankemeier Ellis,
Bloomington, 1941. (Indiana University Publications, Humanities
Series 4.)
Hans Sachsens Fastnachtspiele. Ausgew. u. hg. v. Th. Schumacher,
1957. (Dt. Texte 6.)
Das Ständebuch von Jost Amman mit Reimen von Hans Sachs. Hg.
v. R. Graul, 1960. (Insel-Bücherei 133.)
The Tristan Romance in the Meisterlieder of Hans Sachs. Mit Einleitung u. Kommentar hg. v. E. Sobel, Berkeley 1963. (University
of California Publications in Modern Philology 40, 2, S. 223 ff.;
s. a. in: Fs. f. I. G. Kunstmann, Chapel Hill 1959, S. 108 ff.)

Bibliographien und Forschungsberichte

[1] WELLER, E.: Der Volksdichter Hans Sachs und seine Dichtungen, 1868. (Neudr. mit einem Anhang v. E. Carlsohn: Die
Bibliothek Hans Sachs, 1966.)

[2] BECHSTEIN, R.: Hans Sachs-Litteratur im letzten Lustrum, in:
Zs. f. vergleichende Literaturgeschichte NF 7, 1894, S. 417 ff.

[3] DRESCHER, C.: Schriften zum Hans Sachs-Jubiläum, in: Euph
2, 1895, S. 379 ff.

[4] STIEFEL, A. L.: Die Hans Sachs-Literatur zur 400jährigen Jubelfeier, in: Mttlg. d. Vereins f. Geschichte d. Stadt Nürnberg 10, 1895, S. 248 ff.

[5] MICHELS, V.: Schriften über Hans Sachs 1894–1900, in: AfdA
27, 1901, S. 41 ff.

[6] HINTNER, F.: Bausteine zu einer Hans Sachs-Bibliographie,
Programm d. Städtischen Gymnasiums Wels, 1914/16.

[7] TAYLOR, A.-Hankemeier Ellis, F.: A Bibliography of Meistergesang, 1936. (Indiana University Studies. 23.)

[8] OPPEL, H.: Neue Wege der Hans-Sachs-Forschung, in: Dichtung u. Volkstum (Euph) 39, 1938, S. 238 ff.

[9] SCHOTTENLOHER, K.: Bibliographie zur Deutschen Geschichte
im Zeitalter der Glaubensspaltung. Bd. 2, [2] 1956, S. 198 ff.

[10] BEARE, M.: Hans Sachs MSS. An Account of their Discovery
and Present Locations, in: MLR 52, 1957, S. 50 ff.

[11] DIES.: Some Hans Sachs Editions: A Critical Evaluation, in:
MLR 55, 1960, S. 51 ff.

[12] Internationale Bibliographie zur Geschichte der deutschen Literatur von den Anfängen bis zur Gegenwart. Hg. v. G.
Albrecht u. G. Dahlke, Bd 1, 1969, S. 867 ff.

[13] GOEDEKE, K.: Grundriß zur Geschichte der Deutschen Dichtung aus den Quellen, Bd 1, [2] 1862, S. 337 ff.; Bd 2, [2] 1886, S. 248 ff.; 408 ff.

[14] SCHNORR v. Carolsfeld, F.: Zur Geschichte des deutschen Meistergesangs. Notizen u. Litteraturproben aus den Dresdner Handschriften des Hans Sachs und anderer Meistersänger, 1872.

[15] GOETZE, E.: Das 13. Spruchbuch des Hans Sachs, in: Archiv 7, 1878, S. 7 ff.

[16] DERS.: Der gedruckte Text des Hans Sachs und die Hilfsmittel zu seiner Verbesserung, in: Archiv 8, 1879, S. 301 ff.

[17] DERS.: Neue Mitteilungen über die Schicksale der von Hans Sachs eigenhändig geschriebenen Sammlung seiner Werke, in: Archiv 11, 1882, S. 51 ff.

[18] DERS.: Die Handschriften des Hans Sachs, in: SF, S. 193 ff.

[19] DRESCHER, C.: Die Spruchbücher des Hans Sachs und die erste Folioausgabe I, in: SF, S. 209 ff.

[20] BEIFUS, J.: Some Hans Sachs Discoveries, in: MPh. 3, 1905/6, S. 505 ff.

[21] KAUFMANN, P.: Kritische Studien zu Hans Sachs, 1915.

[22] PAETZOLDT, H.: Hans Sachs' künstlerische Entwicklung vom Spruchgedichtbuch zur Folio, Diss. Breslau 1921 (Masch.).

[23] RÖTTINGER, H.: Die Bilderbogen des Hans Sachs, Straßburg 1927. (Studien z. Deutschen Kunstgeschichte. 247.)

[24] HANKEMEIER Ellis, F.: Analysis of the Berlin MS Germ. Quart 414, in: PMLA 61, 1946, S. 947 ff.

Biographien, Monographien und allgemeine Abhandlungen

[25] RANISCH, S.: Historisch-kritische Lebensbeschreibung Hanns Sachsens, 1765.

[26] ODEBRECHT, K. Th.: Hans Sachs ein Mahner und Warner der Deutschen, 1860.

[27] LOCHNER, G.: Urkunden Hanns Sachs betreffend, in: Archiv 3, 1874, S. 26 ff.

[28] GOETZE, E.: Hans Sachs als Gegner des Markgrafen Albrecht Alcibiades, in: Archiv 7, 1878, S. 279 ff.

[29] DERS.: Hans Sachs, 1890. (Bayerische Bibliothek. 19.)

[30] ders.: Hans Sachs, in: ADB 30, 1890, S. 113 ff.

[31] DERS.: Hans Sachs. Festrede bei der am 5. Nov. 1894 von der Stadt Nürnberg im Rathaussale veranstalteten Feier, 1894.

[32] SCHWEITZER, Ch.: Un Poète allemand au XVI Siècle. Étude sur la Vie et les Oeuvres de Hans Sachs, Paris 1887.

[33] SAHR, J.: Zu Hans Sachs, in: ZfdU 6, 1892, S. 589 ff.; 9, 1895, S. 670 ff.

[34] Genée, R.: Hans Sachs und seine Zeit. Ein Lebens- und Kultur-
bild aus der Zeit der Reformation, 1894, [2] 1902.

[35] MICHELS, V.: Hans Sachs und Niclas Praun, in: SF, S. 1 ff.

[36] MUMMENHOFF, E.: Hans Sachs. Zum 400jährigen Geburtsjubi-
läum des Dichters im Auftrag der Stadt Nürnberg, 1894.

[37] SCHUMANN, G.: Hans Sachs nach seinem Leben und seinen
Dichtungen für das deutsche Volk dargestellt, 1894.

[38] SUPHAN, B.: Hans Sachs – Humanitätszeit und Gegenwart,
1895.

[39] BAUCH, A.: „Barbara Harscherin", Hans Sachsens zweite Frau,
1896.

[40] HOLZSCHUHER, H.: Hanns Sachs in seiner Bedeutung für unsere
Zeit, 1906. (Die Literatur. 31.)

[41] WINDOLPH, F.: Der Reiseweg Hans Sachsens in seiner Hand-
werksburschenzeit nach seinen Dichtungen, 1911.

[42] SCHMIDT, E.: Hans Sachs, in: Charakteristiken 2, [2] 1912,
S. 74 ff.

[43] NOHL, W.: Hans Sachs, 1914. (Volksbücher der Literatur. 115.)

[44] LANDAU, P.: Hans Sachs, 1924.

[45] WOLFF, W.: Zur Kunsttheorie und Kunstpraxis des Hans Sachs,
Diss. Breslau 1925 (Masch.).

[46] HUBER, A.: Hans Sachs und die Geschichte, 1938.

[47] HINKER, Ch.: Hans Sachs, ein geistiger Aufriß seiner Persönlichkeit, Diss. Wien 1939 (Masch.).

[48] STUHLFAUTH, G.: Die Bildnisse des Hans Sachs vom 16. bis zum
Ende des 19. Jhs, 1939.

[49] BÖCKMANN, P.: Formgeschichte der Deutschen Dichtung, Bd 1,
1949, [2] 1965.

[50] WENDLER, H. U.: Hans Sachs. Eine Einführung in Leben und
Werk, 1953.

[51] STRICH, F.: Hans Sachs und die Renaissance, in: Fs. H. R.
Hahnloser zum 60. Geb., 1961, S. 361 ff.

[52] BEARE, M.: Observations on some of the Illustrated Broad-
sheets of Hans Sachs, in: GLL NS 16, 1962/63, S. 174 ff.

Sachs und die Reformation

[53] KAWERAU, W.: Hans Sachs und die Reformation, 1889.

[54] HAMPE, Th.: Meistergesang und Reformation, Neudr. eines
Aufsatzes v. 1898 in: Der deutsche Meistersang, 1967, S. 87 ff.
(Wege der Forschung. 148.)

[55] BEIFUS, J.: Hans Sachs und die Reformation, Tl. 1 1910, Tl. 2
in: Mttlg. d. Vereins f. Geschichte d. Stadt Nürnberg 19,
1911, S. 1 ff.

[56] BLASCHKA, A.: „Wittenbergische Nachtigall", Sternenstunden
eines Topos, in: Wissenschaftl. Zs. d. Martin-Luther-Uni-
versität Halle-Wittenberg, ges.-sprachw. Reihe 10, 4, 1961,
S. 897 ff.
s. a. Nr [88]–[90]

[57] DRESCHER, C.: Studien zu Hans Sachs I: Hans Sachs und die Heldensage, Acta Germanica 2, 2, 1891.

[58] DERS.: Hans Sachs und Ovid bis zum Erscheinen der Metamorphosenbearbeitung Jörg Wickrams, Studien zu Hans Sachs NF, 1891.

[59] DERS.: Hans Sachs und Boccaccio, in: Zs. f. vergleichende Literaturgeschichte NF 7, 1894, S. 402 ff.

[60] STIEFEL, A. L.: Über die Quellen der Hans Sachsischen Dramen, in: Germania 36, 1891, S. 1 ff.; 37, 1892, S. 203 ff.

[61] DERS.: Über die Quellen der Fabeln, Märchen und Schwänke des Hans Sachs, in: SF, S. 33 ff.

[62] DERS.: Neue Beiträge zur Quellenkunde Hans Sachsischer Fabeln und Schwänke, in: Studien zur vergleichenden Literaturgeschichte 8, 1908, S. 273 ff.

[63] GOLTHER, W.: Hans Sachs und der Chronist Albert Krantz, in: SF, S. 263 ff.

[64] ABELE, W.: Die antiken Quellen des Hans Sachs, Tl. 1 u. 2, Beilage zum Programm der Realanstalt in Cannstatt, 1897/99.

[65] BRIE, F.: Eulenspiegel und Hans Sachs, in: Fs. des Germanist. Vereins in Breslau, 1902, S. 204 ff.

[66] WALTHER, E.: Hans Sachsens Tragödie Tristant und Isalde in ihrem Verhältnis zur Quelle, eine literarhistorische Untersuchung, Beilage zum 11. Jahresbericht der Kgl. Luitpold-Kreisrealschule in München, 1902.

[67] KELLNER, A.: Über die „ungleichen Kinder Evä" von Hans Sachs, in: ZfdU 24, 1910, S. 417 ff.

[68] BETZ, M.: Homer-Schaidenreisser-Hans Sachs. Ein Beitrag zur Stoffgeschichte Sachsischer Dichtungen, 1912.

[69] HARTMANN, J.: Das Verhältnis von Hans Sachs zur sogenannten Steinhöwelschen Decameronübersetzung, Acta Germanica NR 2, 1912.

[70] WOHLRAB, J.: Die Bedeutung der Werke Boccaccios für die Dichtung des Hans Sachs, Diss. Leipzig 1924 (Masch.).

[71] ISENRING, J.: Der Einfluß des Decameron auf die Spruchgedichte des Hans Sachs, Genf 1962.

Sprache und Metrik

[72] FROMMAN, C.: Versuch einer grammatischen Darstellung der Sprache des Hans Sachs, Tl. 1: Zur Lautlehre, 1878.

[73] SOMMER, W.: Die Metrik des Hans Sachs, 1882 (Rez. v. H. Paul in: Ltbl. 5, 1883, Sp. 165 ff.).

[74] HERRMANN, M.: Stichreim und Dreireim bei Hans Sachs und anderen Dramatikern des 15. und 16. Jhs, in: SF, S. 407 ff.

[75] JAMES, A. W.: Die starken Praeterita in den Werken von Hans Sachs, 1894.
[76] SHUMWAY, D.: Das ablautende Verbum bei Hans Sachs, 1894.
[77] SCHWEITZER, Ch.: Sprichwörter und sprichwörtliche Redensarten bei Hans Sachs, in: SF, S. 353 ff.
[78] ALBRECHT, J.: Ausgewählte Kapitel zu einer Hans Sachs Grammatik, 1896.
[79] PÜSCHEL, H.: Der syntaktische Gebrauch der Conjunktionen in den Adverbialsätzen bei Hans Sachs, 1899.
[80] MAYER, Ch.: Die Rhythmik des Hans Sachs, in: PBB 28, 1903, S. 457 ff.
[81] HANDSCHIN, Ch.: Das Sprichwort bei Hans Sachs, Madison 1904.
[82] BURCHINAL, M.: Hans Sachs and Goethe. A Study in Meter, Hesperia 2, 1912.
[83] ROSEN, H.: Die sprichwörtlichen Redensarten in den Werken von Hans Sachs, 1924.
[84] HEINEMANN, F.: Das Scheltwort bei Hans Sachs, 1927.
[85] SCHIROKAUER, A.: Zur Metrik des Hans-Sachs-Verses, in: PBB 50, 1927, S. 296 ff.
[86] RUSSLAND, H. H.: Das Fremdwort bei Hans Sachs, 1933.
[87] JOHNSON, G.: Der Lautstand in der Folioausgabe von Hans Sachs' Werken, Tl. 1: Der Vokalismus, Uppsala 1941.
Zur Metrik s. a. Nr [21]

Die Prosadialoge

[88] EDERT, E.: Dialog und Fastnachtspiel bei Hans Sachs. Eine stilistische Untersuchung, 1903.
[89] NIEMANN, G.: Die Dialogliteratur der Reformationszeit nach ihrer Entstehung und Entwicklung, 1905.
[90] WERNICKE, S.: Die Prosadialoge des Hans Sachs, 1913.
[91] BEARE, M.: The Later Dialogues of Hans Sachs, in: MLR 53, 1958, S. 197 ff.
s. a. Nr [53] u. [55]

Lieder und Meistersang

[92] GOETZE, E.: Hans Sachsens Gemerkbüchlein, in : Zs. f. vergleichende Literaturgeschichte NF 7, 1894, S. 439 ff.
[93] KEINZ, F.: Hans Sachsens Zeitgenossen und Nachfolger im Meistergesang. Verzeichnis der bis jetzt bekannten Meistersinger des XVI. Jhs, in: SF, S. 320 ff.
[94] KOPP, A.: Hans Sachs und das Volkslied, in: ZfdU 14, 1900, S. 433 ff.
[95] MEY, C.: Der Meistergesang in Geschichte und Kunst, [2] 1901.

[96] MÜNZER, G.: Hans Sachs als Musiker, in: Die Musik 20, 1905/06, S. 31 ff.
[97] DERS. (Hg.): Das Singebuch des Adam Puschmann nebst den Originalmelodien des M. Beheim u. Hans Sachs, 1906.
[98] DREYER, A.: Hans Sachs in München und die gleichzeitigen Münchener Meistersänger, in: Analecta germanica, H. Paul dargebracht, 1906, S. 323 ff.
[99] WEBER, R.: Zur Entwicklung und Bedeutung des deutschen Meistergesangs im 15. und 16. Jh., 1921.
[100] KOCHS, Th.: Das deutsche geistliche Tagelied, 1927.
[101] TAYLOR, A.: The Literary History of Meistergesang, New York 1937.
[102] ELLIS, H. F.: The Meisterlied of the Magic drinking horn, in: PhQ 26, 1947, S. 248 ff.
[103] NAGEL, B.: Der deutsche Meistersang, 1952.
[104] DERS.: Rez. von E. Geiger, Der Meistergesang des Hans Sachs, in: PBB 79, Tübingen 1957, S. 425 ff.
[105] DERS.: Meistersang, 1962, [2] 1971. (Sammlung Metzler. 12.)
[106] GEIGER, E.: Der Meistergesang des Hans Sachs. Literarhistorische Untersuchung, Bern 1956.
    s. a. Nr [54]

Spruchdichtung

[107] SEMLER, Ch.: Die Schwänke des Hans Sachs und das Komische, in: ZfdU 8, 1894, S. 95 ff.
[108] JANTZEN, H.: Das Streitgedicht bei Hans Sachs, in: Zs. f. vergleichende Literaturgeschichte NF 11, 1897, S. 287 ff.
[109] GEIGER, E.: Hans Sachs als Dichter in seinen Fabeln und Schwänken, 1908.
[110] RICKLINGER, E.: Studien zur Tierfabel von Hans Sachs, 1909.
[111] HENZE, H.: Die Allegorie bei Hans Sachs mit besonderer Berücksichtigung ihrer Beziehungen zur graphischen Kunst, Hermaea 11, 1912.
[112] ZIRN, A.: Stoffe und Motive des Hans Sachs in seinen Fabeln und Schwänken, Diss. Würzburg 1924 (Masch.).
[113] CONRAD, R.: Der Teufel bei Hans Sachs, Diss. Tübingen 1926 (Masch.).
[114] KUTTNER, G.: Wesen und Formen der deutschen Schwankliteratur des 16. Jhs, 1934. (Germanische Studien. 152.)
[115] WOLF, H. L.: Studie über die Natur bei Hans Sachs, 1937.
[116] SCHIROKAUER, A.: Die Stellung Äsops in der Literatur des Mittelalters, in: Fs. f. W. Stammler, 1953, S. 179 ff.
[117] LEIBFRIED, E.: Fabel, 1967. (Sammlung Metzler. 66.)
[118] STRASSNER, E.: Schwank, 1968. (Sammlung Metzler. 77.)
[119] THEISS, W.: Exemplarische Allegorik, Untersuchungen zu einem literarhistorischen Phänomen bei Hans Sachs, 1968.

[120] GÜNTHER, O.: Plautuserneuerungen in der deutschen Litteratur des XV.–XVII. Jhs und ihre Verfasser, 1886.

[121] HOLSTEIN, H.: Die Reformation im Spiegelbilde der dramatischen Litteratur des 16. Jhs, 1886.

[122] DERS.: Johann Reuchlins Komödien. Ein Beitrag zur Geschichte des lateinischen Schuldramas, 1888.

[123] THON, Fr. W.: Das Verhältnis des Hans Sachs zu der antiken und humanistischen Komödie, 1889.

[124] REULING, F.: Die komische Figur in den wichtigsten deutschen Dramen bis zum Ende des XVII. Jhs, 1890.

[125] DUFLOU, G.: Hans Sachs als Moralist in den Fastnachtspielen, in: ZfdPh. 25, 1893, S. 343 ff.

[126] WUNDERLICH, H.: Hans Sachs und das Nibelungendrama, in: SF, S. 253 ff.

[127] CREIZENACH, W.: Geschichte des neueren Dramas, Bd 3, 2, 1903.

[128] GEIGER, E.: Hans Sachs als Dichter in seinen Fastnachtspielen im Verhältnis zu seinen Quellen betrachtet, 1904.

[129] CASPARY, E.: Prolog und Epilog in den Dramen des Hans Sachs, Diss. Greifswald 1920 (Masch.).

[130] HUGLE, A.: Einflüsse der Palliata auf das lateinische und deutsche Drama im 16. Jh., mit besonderer Berücksichtigung des Hans Sachs, Diss. Heidelberg 1920 (Masch.).

[131] A. ŠILHA: Die Technik des Dramas bei Hans Sachs und Jacob Ayrer, Prag 1921.

[132] CATTANÈS, H.: Les „Fastnachtspiele" de Hans Sachs, Northampton/Mass. – Paris 1923. (Smith College Studies in Modern Languages IV, 2, 3.)

[133] FERNAU, H.: Der Monolog bei Hans Sachs, 1923.

[134] FRENCH, W.: Mediaeval Civilisation as illustrated by the Fastnachtspiele of Hans Sachs, 1925. (Hesperia. 15.)

[135] BECK, H.: Das genrehafte Element im deutschen Drama des XVI. Jhs, 1929. (Germanische Studien. 66.)

[136] DERS.: Die Bedeutung des Genrebegriffs für das deutsche Drama des 16. Jhs, in: DVjs. 8, 1930, S. 82 ff.

[137] MÜNCH, J.: Die sozialen Anschauungen des Hans Sachs in seinen Fastnachtspielen, 1936.

[138] PETSCH, R.: Hans Sachsens Fastnachtspiel vom fahrenden Schüler im Paradeis, in: ZfDk. 50, 1936, S. 18 ff.

[139] DERS.: Wesen und Formen des Dramas, 1945.

[140] KINDERMANN, H.: Meister der Komödie. Von Aristophanes bis Bernard Shaw, 1952.

[141] DERS.: Theatergeschichte Europas, Bd 2, Salzburg 1959.

[142] WAGEMANN, E.: Die Personalität im Deutschen Drama des 16. Jhs, Diss. Göttingen 1952 (Masch.).

[143] WIENER, F. J.: Hans Sachs' Alcestis Drama and its Sources, in: GLL 6, 1952/53, S. 196 ff.

[144] SALMON, P. B.: ‚Das Hoffgesindt Veneris' and some Analogues, in: GLL 10, 1956/57, S. 14 ff.

[145] SACHS, H. G.: Die deutschen Fastnachtspiele von den Anfängen bis zu Jacob Ayrer, Diss. Tübingen 1957 (Masch.).

[146] FILICE, G.: I Fastnachtspiele di Hans Sachs, Napoli 1960.

[147] ZIEGLER, K.: Das deutsche Drama der Neuzeit, in: Deutsche Philologie im Aufriß II, [2] 1960, Sp. 1998 ff.

[148] RECKLING, F.: Immolatio Isaac. Die theologische und exemplarische Interpretation in den Abraham-Isaak-Dramen der deutschen Literatur insbesondere des 16. und 17 Jhs, 1962.

[149] SCHULZ, W. D.: Aspekte des Übernatürlichen in den Fastnachtspielen des Hans Sachs, Diss. Washington 1965.

[150] CATHOLY, E.: Fastnachtspiel, 1966. (Sammlung Metzler. 56.)

[151] DERS.: Das deutsche Lustspiel. Vom Mittelalter bis zum Ende der Barockzeit, 1968.

[152] HARTMANN, H.: Zwei deutsche „Lucretia"-Dramen des 16. Jhs, in: Weimarer Beiträge 14, 1968, S. 1303 ff.

Bühne

[153] MICHELS, V.: Zur Geschichte des Nürnberger Theaters im 16. Jh., in: VjLg. 3, 1890, S. 28 ff.

[154] HAMPE, Th.: Die Entwicklung des Theaterwesens in Nürnberg, 1900.

[155] HERRMANN, M.: Forschungen zur deutschen Theatergeschichte des Mittelalters und der Renaissance, 1914.

[156] DERS.: Die Bühne des Hans Sachs. Ein offener Brief an Albert Köster, 1923.

[157] DERS.: Noch einmal die Bühne des Hans Sachs, 1924.

[158] KÖSTER, A.: Die Meistersingerbühne des XVI. Jhs. Ein Versuch des Wiederaufbaus, 1921.

[159] DERS.: Besprechung von Herrmanns ‚Offenem Brief', in: DLZ H. 1/2, 1923, Sp. 18 ff.

[160] DERS.: Die Bühne des Hans Sachs. Ein letztes Wort, in: DVjs. 1, 1923, S. 557 ff.

[161] PELZER, J.: Die Fastnachtspielbühne des Hans Sachs, 1921.

[162] DRESCHER, K.: Besprechung von Herrmann-Kösters Streit, in: DLZ H. 7, 1925, S. 307 ff.

[163] ENGLER, H.: Die Bühne des Hans Sachs, Diss. Breslau 1926 (Masch.).

[164] HOLL, K.: Die Meistersingerbühne des Hans Sachs, in: ZfdPh. 51, 1926, S. 92 ff.

[165] LUSSKY, G. F.: The Structure of Hans Sachs' Fastnachtspiele in Relation to their Place of Performance, in: JEGP 26, 1927, S. 521 ff.

[166] WITKOWSKI, G.: Hat es eine Nürnberger Meistersingerbühne gegeben?, in: DVjs. 11, 1933, S. 251 ff.
[167] R. MÜNZ: Hans Sachs und die Bühne, in: Theater der Zeit, 9, 12, 1954, S. 6 ff.
[168] KOOZNETZOFF, D.: Das Theaterspielen der Meistersinger, in: Der deutsche Meistersang, 1967, S. 442 ff. (Wege der Forschung. 148.)
s. a. Nr [141]

Wirkungsgeschichte

[169] ROBERTSON, J. G.: Zur Kritik Jacob Ayrers mit besonderer Berücksichtigung seines Verhältnisses zu Hans Sachs, 1892.
[170] SUPHAN, B.: Hans Sachs in Weimar. Gedruckte Urkunden zum 400. Geburtstage des Dichters, 1894.
[171] GOETZE, E.: Goethe und Hans Sachs, in: Berichte des Freien Deutschen Hochstiftes NF 11, 1895, S. 6 ff.
[172] HAMPE, Th.: Die Hans Sachs-Feier in Nürnberg, in: ZfdU 9, 1895, S. 81 ff.
[173] KOPP, A.: Hans Sachsens Ehrensprüchlein, in: ZfdU 9, 1895, S. 600 ff.
[174] EICHLER, F.: Das Nachleben des Hans Sachs vom XVI. bis ins XIX. Jh, 1904.
[175] BABERADT, K. F.: Hans Sachs im Andenken der Nachwelt. Mit besonderer Berücksichtigung des Dramas des XIX. Jhs, 1906.

I. DER DICHTER

1. Leben

Fast alles, was wir über das Leben von HANS SACHS wissen, verdanken wir seinen eigenen Angaben. Die wichtigste Quelle ist das Sg. »Summa all meiner gedicht« von 1567 (Nr 5986 a, s. KG 26, S. 398), das zugleich eine genaue Aufstellung alles bis dahin von ihm Geschaffenen enthält. Danach wurde Sachs am 5. Nov. 1494 in Nürnberg geboren, besuchte vom 7. bis zum 15. Lebensjahr eine der Nürnberger Lateinschulen und wurde anschließend für zwei Jahre in die Lehre eines Schuhmachermeisters gegeben. Gleichzeitig führte ihn der Leinweber und Meistersinger LIENHARDT NUNNENBECK in die Anfänge der Meistersingerkunst ein. Nach beendeter Lehrzeit trat Sachs 1511 die für einen Handwerksgesellen vorgeschriebene Wanderung an, die ihn durch Bayern, Franken und an den Rhein führte (s. Windolph [41]). Während dieser Wanderjahre vervollkommnete er sich auch in der Kunst des Ms; er erfand seine ersten eigenen Töne, dichtete in München sein erstes Ml. und durfte in Frankfurt sogar selbständig eine Singschule abhalten. Erst 1516 kehrte er nach Nürnberg zurück, machte sein Meisterstück, heiratete 1519 KUNIGUNDE KREUTZER und ließ sich als selbständiger Schuhmachermeister nieder. Seine Frau schenkte ihm sieben Kinder, von denen jedoch zur Zeit der Abfassung der »Summa« keines mehr am Leben war. Sie selbst starb im März 1560; knapp eineinhalb Jahre später heiratete Sachs in zweiter Ehe BARBARA HARSCHER, eine 27jährige Witwe mit sechs Kindern, von denen wenigstens einige zur Zeit ihrer Eheschließung mit Sachs noch gelebt haben müssen (s. Bauch [39]).

Viel mehr ist den Aussagen dieses Sg. nicht hinzuzufügen. Daß sein Vater, Jörg Sachs, der vermutlich aus Sachsen nach Nürnberg eingewandert war, Schneider gewesen ist, erfahren wir aus einem Schwank von 1556 (Nr 4991); aus Urkunden geht hervor, daß ihm seine Eltern kurz nach seiner Heirat 1519 ein Haus vermachten und er schon 1522 ein zweites dazu erwarb. 1527 geriet er mit dem Rat der Stadt wegen einer antipäpstlichen Kampfschrift in Konflikt, und seit 1551 taucht sein Name als Spielleiter der Meistersingerbühne wiederholt in den Nürnberger Ratserlässen auf. Aus seiner Heimatstadt scheint Sachs nach seinen Wanderjahren bis auf vereinzelte Messereisen nach Lands-

1

hut und Frankfurt nicht mehr hinausgekommen zu sein. Als Spielleiter der Meistersingerbühne von 1551–1560 und Merker der Singschule von 1555–1561 übte er jedoch eine umfangreiche öffentliche Tätigkeit aus, die ihm neben der immer stärker anwachsenden dichterischen Produktion nicht unbeträchtliche Einkünfte einbrachte und ihm in späteren Jahren ermöglichte, sein Handwerk aufzugeben. Am 19. Jan. 1576 ist Sachs 81jährig in Nürnberg gestorben und auf dem Nürnberger Johannisfriedhof an nicht mehr auffindbarer Stelle begraben worden. Von seinen Nachkommen haben ihn nur die vier Kinder seiner ältesten Tochter Katharina überlebt. Unmittelbar nach seinem Tod gab der Rat der Stadt Anweisung, einige politisch gefährliche Dichtungen aus seinem Nachlaß zu entfernen.

Alle *gesicherten Daten* zu Sachs' Leben hat Goetze in das Werkregister KG 25 aufgenommen. Mit dem relativ spärlichen Urkundenmaterial, das Lochner [27]zusammengestellt hat, hat sich vor allem BAUCH [39] auseinandergesetzt. Eine kritische Auswertung sämtlicher z. T. weit verstreuter autobiographischer Hinweise in Sachs' Dichtungen ist bis jetzt noch nicht vorgenommen worden, vorläufige Zusammenstellungen findet man in KG 26, S. 66 und bei Sahr [33], ZfdU 9, S. 688 ff. Allerdings sind diese autobiographischen Hinweise nicht immer verläßlich, da Sachs zuweilen Irrtümer unterlaufen sind und er es außerdem liebte, vieles als selbst erlebt auszugeben, was er in Wirklichkeit aus Vorlagen oder Erzählungen entlehnt hatte. Da er sich als betont normbezogener Dichter stets an allgemeingültigen Wertvorstellungen orientierte und seine Erlebnisse oder Gefühle entsprechend objektivierte, gibt es auch, abgesehen von dem entscheidenden Einfluß, den die Reformation auf ihn ausgeübt hat (s. S. 6 ff.), nur wenig, was wir von seiner *inneren Entwicklung* wissen. Einige Jugenddichtungen, vor allem das sog. »Buhlscheidlied« (Nr 2) sowie das spätere »Gesprech frau Ehr mit eynem jüngling, die wollust betreffend« (Nr 2727), deuten darauf hin, daß er während seiner Wanderjahre ein Liebeserlebnis hatte, von dem er sich nur unter Schmerzen lösen konnte. Unmittelbar ausgesprochen hat Sachs sich dann vor allem in einem Sg. auf den Tod seiner ersten Frau (Nr 5420), in dem er in einfachen Worten seinem Kummer und seiner Verlassenheit Ausdruck gab. Überhaupt wurden die persönlichen Aussagen in den späteren Jahren etwas häufiger; es finden sich mehrfach Klagen über die Beschwerlichkeiten des Alters und die nachlassende Produktionskraft, von denen das bei Kaufmann [21] S. 39 f. veröffentlichte Lied »Schwerer unmuet/mir qwelen thuet« von 1566 die erschütterndste ist.

Sachs ist in seinem Leben mehrfach von Nürnberger Künstlern porträtiert worden. Wir besitzen von ihm insgesamt vier lebensechte *Bildnisse*, darunter, um nur die beiden wichtigsten zu nennen, einen Holzschnitt von MICHAEL OSTENDORFER (früher Hans Brosamer zugeschrieben) von 1545 mit der Unterschrift „Hans Sachsn Alter 51 Iar", und ein Porträt des 81jährigen von Andreas Herneisen, das am meisten Verbreitung gefunden hat (s. Stuhlfauth [48]).

2. Geistige Umwelt

a) Die Bedeutung Nürnbergs

Keineswegs zufällig ist der Name von Sachs in der allgemeinen Vorstellung fest mit dem Namen der freien Reichsstadt *Nürnberg* verknüpft. Denn daß er trotz der kleinbürgerlichen Enge seiner äußeren Existenz mit fast allem in Berührung kam, was seine Zeit an Neuem zu bieten hatte und er einer ihrer meistgelesenen und vielseitigsten Schriftsteller wurde, verdankte er nach einhelliger Forschungsmeinung vor allem seiner Zugehörigkeit zu dieser Stadt, die sich im 16. Jh. zu einem der wichtigsten wirtschaftlichen, politischen und kulturellen Zentren des Reiches entwickelt hatte. Fast alle Monographien (das reichhaltigste Material bietet Genée [34]), enthalten daher eine ausführliche Schilderung der inneren und äußeren Verhältnisse Nürnbergs in jener Epoche und betonen die enge Beziehung, die zwischen Sachs und seiner Vaterstadt bestand. Sachs selbst hat 1530 einen »Lobspruch der statt Nürnberg« (Nr 375) verfaßt und in vielen seiner Dichtungen das Leben und Treiben ihrer Bürger anschaulich beschrieben. Bringt man den Inhalt der häufig allzu volkstümlich gehaltenen Darstellungen über „Sachs und Nürnberg" auf eine allgemeine Formel, so hat Nürnberg vor allem durch das Zusammenwirken dreier Faktoren, wie es in dieser Form damals in keiner anderen deutschen Stadt gegeben war, einen entscheidenden Einfluß auf seine geistige und künstlerische Entwicklung ausgeübt:

1) Durch seine hohe wirtschaftliche Blüte, die insbesondere dem Handwerkerstand zugute kam, sein Selbstbewußtsein förderte und ihn zu selbständigen kulturellen Leistungen befähigte,

2) durch seine Bedeutung als Zentrum des Buchhandels und Pflegstätte der humanistischen Wissenschaften, durch die sich dem geistig Interessierten hier ungleich reichere Bildungsmöglichkeiten als andernorts erschlossen,

3) durch seine führende Rolle in den politischen und religiösen Auseinandersetzungen der Reformationszeit, die auch den „kleinen Mann" zur Stellungnahme herausforderten und seine Aufmerksamkeit auf die öffentlichen Angelegenheiten lenkten.

Konkret gesprochen waren es also der Einfluß des einheimischen Kleinbürgertums (das bereits im 15. Jh. in Ms., Fsp. und Spruchdichtung künstlerisch hervorgetreten war), des Humanismus und der Reformation, die durch die Vermittlung Nürnbergs für Sachs bedeutsam wurden und das Bild seiner Persönlichkeit formten, deren „Wurzeln wohl noch in mittelalterliche Gotik" reichten, deren „Haupt jedoch in die Renaissance aufragt(e)" (Strich [51], S. 361). Von diesen drei Faktoren stellen die beiden letzteren von außen kommende Einflüsse dar, während das kleinbürgerliche Standes- und Wertbewußtsein Sachs durch Herkunft und Erziehung gewissermaßen anererbt war und seinerseits seine Einstellung zu Humanismus und Reformation bestimmt hat.

b) Humanistische Einflüsse

Als Handwerker hatte Sachs zu den geistig führenden Männern Nürnbergs, die sich vor allem um WILLIBALD PIRKHEIMER (1470–1530) gesammelt hatten und durch ihn Verbindung zu den berühmtesten Humanisten der Zeit unterhielten, selbstverständlich keinen Zugang; seine Kenntnisse hat er sich weithin als Autodidakt erworben, da sein mehrjähriger Schulbesuch nach eigener Aussage in der »Summa« nur dazu ausreichte, um ihn mit den Anfangsgründen der Wissenschaften vertraut zu machen.

Die Frage nach etwaigen humanistischen Gönnern und dem tatsächlichen Umfang von Sachs' Bildung ist im Zusammenhang mit der Erörterung seiner mutmaßlichen *Lateinkenntnisse* immer wieder gestellt, aber niemals befriedigend beantwortet worden. Fest steht, daß Sachs eine Reihe von Texten, u. a. Reuchlins »Henno«, Aristophanes' »Pluto« und einige Lukiandialoge übertragen hat, von denen zu seiner Zeit noch keine deutschen Übersetzungen vorlagen, während gleichzeitig die zahlreichen Fehler, die ihm beim gelegentlichen Gebrauch lateinischer Fremdwörter, Eigennamen und Redewendungen unterliefen, auf eine höchstens oberflächliche Beherrschung der Sprache schließen lassen. Der Nachweis, daß Sachs unter den Nürnberger Patriziern und Gelehrten Freunde besaß, die ihm Zugang zu den Texten verschafften bzw. Übersetzungshilfe leisteten, ist noch nicht erbracht worden; nur für seine Bearbeitung von Macropedius' »Hecastus« von 1549 liegt der Fall etwas anders (vgl. die Erörterung des gesamten Problems bei Hugle [130], S. 186 ff.). Auch zu DÜRER, mit dem man ihn oft verglichen und auf dessen Tod ein ein Sg. verfaßt hat (Nr 243), stand er in keiner Beziehung; bekannt ist lediglich, das Sachs über den Kreis seiner Zunftgenossen hinaus für kurze Zeit zu NICLAS PRAUN, einem Angehörigen des bürgerlichen Mittelstandes, nähere Verbindungen unterhielt, wobei er jedoch der Gebende war (s. Michels [35]).

4

Das Wissen, das er sich durch jahrzehntelange unermüdliche Lektüre erwarb, war jedoch für einen Angehörigen seines Standes erstaunlich, denn es umfaßte ungefähr alles, was über die mal. und zeitgenössische deutsche Dichtung hinaus im 16. Jh. an Übersetzungen antiker Autoren, italienischer Renaissanceliteratur und populärwissenschaftlichen Schrifttums überhaupt greifbar war, d. h. nahezu das gesamte Bildungsgut, das erstmals in dieser Zeit durch die Vermittlung der Humanisten einer breiteren Öffentlichkeit zugänglich gemacht wurde.

Das Verzeichnis seiner Bibliothek, das Sachs 1562 anfertigte (s. Weller [1]), legt von dem Umfang seiner Belesenheit ein eindrucksvolles, wenngleich noch keineswegs vollständiges Zeugnis ab. Es enthält an fremden Schriften mehr als 70 Titel und weist, immer in Übersetzungen, an antiken Geschichtsschreibern u. a. Herodot, Xenophon, Plutarch und Sueton auf, dazu kommen Homer (»Odyssee«), Aesop, Ovid und Apuleius, an italienischen Autoren sind Petrarca und vor allem Boccaccio vertreten, an deutschen u. a. Brant, Franck, Pauli und das »Volksbuch von Ulenspiegel«, dazu kommen die Schriften Luthers, die Bibel, die »Gesta Romanorum«, eine Reihe von Chroniken, darunter eine skandinavische, und schließlich einige naturkundliche Werke, u. a. Plinius, Konrad von Megenberg usw. Ein Blick auf seine Dichtungen zeigt, daß seine tatsächlichen Kenntnisse noch sehr viel umfassender waren.

Dieses Bildungsgut hat Sachs sich nicht nur rezeptiv zu eigen gemacht, sondern hat es häufig unmittelbar, nachdem er damit in Berührung gekommen war, in seinen Dichtungen selbständig verarbeitet. Darüber hinaus war er auch mit den literarischen Versuchen der jüngeren Humanisten durchaus vertraut und hat sich nach ihrem Vorbild als erster an die Abfassung von Dramen antiken Musters gewagt, für die es in der deutschsprachigen Literatur vor ihm noch kein Beispiel gegeben hatte.

Daß Sachs, abgesehen von den Anregungen, die er vor allem vom einheimischen Ms. empfing, dem humanistischen Einfluß entscheidende Impulse verdankte und durch ihn zu eigener literarischer Produktion inspiriert wurde, ist allgemein unbestritten und läßt sich für seine dramatischen Dichtungen konkret nachweisen. Die meisten Interpreten sehen diesen Einfluß jedoch auf eine rein stoffliche Abhängigkeit beschränkt und sprechen Sachs darüberhinaus ein spezifisch humanistisches Bildungsinteresse entschieden ab. Wo immer sein Wissenstrieb, sein unersättlicher Stoffhunger und unermüdlicher Fleiß in der Aufnahme und Aneignung von Neuem gerühmt wird, wird daher gleichzeitig darauf verwiesen, daß er für das Gelesene weder sachliches Verständnis aufbrachte noch zu dessen innerer Verarbeitung fähig war, sondern aus dem ihm zur Verfügung stehenden reichhaltigen Material nur aufnahm, was in seine beschränkte bürgerliche Weltsicht hineinpaßte. Einzig STRICH [51] hat in einem neueren, sehr lesenswerten Aufsatz Sachs' Verhältnis zum Humanismus bzw. zur Renaissance etwas tiefer zu fassen versucht. Auch für ihn ist die bürgerliche „Normalität" und „Moralität", d. h. die „freiwillige ... Anerkennung und Befolgung der allgemeingültigen Norm und Sitte" (S. 363), das wichtigste Unterscheidungsmerkmal, das Sachs vom Humanismus im engeren Sinne trennt; gleichwohl sieht er in seinem ausgeprägten künstlerischen Selbst- und Sendungsbewußtsein und seinem Glauben an die erzieherische Macht der Vernunft humanistische Elemente verwirklicht, die Sachs mit allem Vorbehalt zumindest als Vertreter einer spezifisch „deutschen Renaissance" erscheinen lassen (S. 372).

c) Sachs und die Reformation

Weit ausführlicher als mit Sachs' Beziehung zum Humanismus hat sich die Forschung mit seinem Verhältnis zur Reformation befaßt. Wie für viele andere war sie auch für ihn das große geistige Erlebnis, das sein Weltbild entscheidend beeinflußte. Sachs ist mit den Lehren Luthers zuerst 1520 in Berührung gekommen und hat sich sofort intensiv mit ihnen auseinandergesetzt. Schon 1522 war er im Besitz von 40 Schriften Luthers und seiner Anhänger, und während die vorangegangenen Jahre bereits eine verhältnismäßig reichhaltige Produktion aufgewiesen hatten, hat er zwischen 1520 und 1523 kein einziges Gedicht verfaßt, da die Beschäftigung mit der neuen Lehre ihn ganz gefangen nahm. Erst 1523 trat er wieder als Dichter hervor, und zwar mit der berühmten »Wittembergisch nachtigall«, zunächst als Ml. verfaßt (Nr 81), dann für den Druck zum Sg. umgearbeitet (Nr 82), das in allegorischer Einkleidung den Sieg Luthers über die Feinde Christi besingt (Textausgabe und ausführliche Analyse des Ml. von Hankemeier Ellis [S. IX]).

Dieses Sg., dessen Eingangsverse: „Wacht auff! es nahent gen dem tag ..." Wagner in den Text der »Meistersinger« aufgenommen hat, wurde sehr bald nach seiner Entstehung mehrmals gedruckt und hat Sachs weit über den Kreis seiner Zunftgenossen hinaus bekannt gemacht. Er gehörte damit zu den ersten, die sich, noch bevor 1525 die Reformation in Nürnberg eingeführt wurde, öffentlich zu Luther bekannten und bald wurde der Name „wittembergisch nachtigall" für Luther zum beliebten Topos, der in der Reformationsliteratur wiederholt aufgegriffen wurde (s. Blaschka [56]).

In den folgenden Jahren stand Sachs' literarische Produktion völlig im Dienst der Verkündigung der neuen Lehre. So verfaßte er, einer Anregung Luthers folgend, 8 Kirchenlieder, die 1525 im Druck erschienen (Nr 90–97) und sich teilweise bis ins 17. Jh. in protestantischen Gesangbüchern erhalten haben, ein Jahr später veröffentlichte er eine Bearbeitung von 13 Psalmen (Nr 99 bis 110, 122) und ging bald auch daran, ganze Abschnitte aus dem AT und NT zu Mll. umzudichten.

Sein wichtigster Beitrag zur Reformationsliteratur aber sind die vier 1524 verfaßten und noch im gleichen Jahr gedruckten *Prosadialoge* (Nr 83–86), mit denen er direkt in den Glaubensstreit eingriff. Schon LESSING hat diese Dialoge als ein „ganz sonderbares Monument in der Reformationsgeschichte" bezeichnet (s. Suphan [170], S. 35), von der Forschung sind sie wiederholt eingehend gewürdigt worden, und tatsächlich gehören sie zu den frühesten Dialogen in deutscher Sprache, die in der Zeit des Glaubenskampfes in der Nachfolge des lateinischen Humanistendialoges entstanden sind. Von ihrer literarischen Bedeutung abgesehen (s. S. 28 ff.) sind sie vor allem deshalb interessant, weil sie zeigen, worin für Sachs das Wesentliche von Luthers Lehren beschlossen lag.

Denn während er in den ersten beiden Dialogen in der Polemik gegen die Praktiken der alten Kirche noch in erster Linie den neuen Glauben verteidigte, wobei er sich in der Person des bibelfesten Schusters Hans darstellte, übte er im 3. bereits Kritik an den Anhängern der Reformation selbst und wandte sich im 4. scharf gegen die lutherischen Eiferer, die ihre Gegner, statt sie durch beispielhaftes christliches Verhalten zu bekehren, durch ihren Fanatismus endgültig verstocken. Auch ihnen stellte er als Vorbild den Schuster Hans gegenüber, für den die Botschaft des Evangeliums nicht Aufruf zu theologischem Streit, sondern Mahnung zu wahrhaft sittlicher Lebensführung ist. Aus dem im Titel und Inhalt dieses Dialogs mehrfach hervorgehobenen Gegensatz zwischen „lutherischen" und „evangelischen" Christen hatte man früher gelegentlich schließen wollen, daß Sachs vorübergehend ein Anhänger der Schwärmerbewegung gewesen sei. Tatsächlich hielt sich der Schwärmer und spätere Luthergegner Hans Denk bis 1525 in Nürnberg auf, und aus einem Ratserlaß von 1526 geht hervor, daß auch Sachs kurze Zeit der Schwärmerei verdächtigt wurde (s. Bauch [39], S. 56; allg. Beifus [55], S. 10 ff.). Einen weitreichenden Einfluß dürfte Denk, dessen Gegnerschaft zu Luther erst später offen zutage trat, auf Sachs jedoch schwerlich ausgeübt haben und der 4. Dialog statt dessen als Dokument für die Tatsache zu werten sein, daß es vorwiegend die Luthersche Ethik, die Verkündigung einer neuen evangelischen Lebensform war, die Sachs für Luther einnahm und eine nachhaltige Wirkung auf ihn ausübte (s. a. Kawerau [53], S. 62 f., u. Wernicke [90], S. 48).

Es war die Bejahung einer zwar im Religiösen verankerten, aber diesseitig orientierten Ethik, die Sachs sowohl am Humanismus wie am Protestantismus anzog, weil er sich durch sie in seinem bürgerlichen Wertbewußtsein bestätigt fühlte; einen möglichen Gegensatz zwischen diesen beiden das 16. Jh. bestimmenden Mächten, der nach außen hin vor allem im Streit um die Willensfreiheit zutage trat, hat er nicht gesehen, wie denn überhaupt theoretische Spekulationen außerhalb seiner Interessensphäre lagen. Dementsprechend hat Sachs sich nur selten zu dogmatischen Streitfragen geäußert und weit häufiger, u. a. in den Sgg. »Die gemartert Theologia« (Nr 889) und »Das klagendt Evangelium« (Nr 949) über die Fanatiker Klage geführt, die durch ihr theologisches Gezänk das Werk Luthers nachträglich wieder in Frage stellten. Gemessen am Ton der Zeit waren auch seine Angriffe gegen das Papsttum weithin frei von Gehässigkeit und grotesker Übertreibung, während umgekehrt seine gesamte Dichtung Zeugnis davon ablegt, wie tief er sich der protestantischen Ethik verpflichtet fühlte.

Einmal allerdings verfiel auch Sachs dem damals allgemein üblichen Ton eifernder Maßlosigkeit, als Osiander, seit 1522 Prediger in Nürnberg, an ihn mit der Bitte herantrat, zu einer Reihe von Holzschnitten, die den inneren und äußeren Zerfall des Papsttums darstellten, die entsprechenden Verse zu schreiben. Diesen Holzschnitten lagen die 1515 in Bologna gedruckten »Vaticinia Joachimi« zugrunde. Sie erschienen 1527 zusammen mit den Versen von Sachs unter dem Titel »Auslegung der wunderlichen weissagung von dem papstum« (Nr 134) und waren von solcher satirischen Schärfe, daß der auf Ausgleich und Mäßigung bedachte Rat der Stadt die vorhandenen Exemplare einzog, jeden weiteren Druck verbot und an Sachs die Weisung ergehen ließ, er solle sich fortan „eynich buechlein oder reymen hinfur ausgeen zulassen" enthalten (Bauch [39], S. 70). Sachs erhielt also ein förmliches Druckverbot und beschränkte sich tatsächlich auch eine zeitlang auf die Produktion von Mll., die ohnehin nicht für die Veröffentlichung bestimmt waren.

d) Stellung zum Zeitgeschehen

Sicher war es vor allem dem Einfluß der Reformation zu verdanken, die gerade das Selbstvertrauen des „kleinen Mannes" erheblich gestärkt hatte, daß Sachs auch späterhin wiederholt zu öffentlichen Fragen das Wort ergriff, ja mehrfach sogar zu Angelegenheiten der Reichspolitik Stellung nahm. Das steht durchaus im Gegensatz zu der Vorstellung von dem biederen, in der Abgeschiedenheit seiner Werkstatt Verse schmiedenden Schuhmacher, die sich seit Wagner hartnäckig im Bewußtsein festgesetzt hat, obwohl seitens der Forschung, nicht immer frei von nationalen Tendenzen, seit jeher auf Sachs' politische Interessen hingewiesen worden ist (zuerst von Odebrecht [26]). Sachs war unter dem Einfluß der Reformation aus der Anonymität herausgetreten, er hatte die Möglichkeiten öffentlichen Wirkens durch Wort und Bild kennengelernt und bediente sich auch späterhin dieses Mittels sehr bewußt, um sich Gehör zu verschaffen. Sehr fruchtbar erwies sich dabei seine langjährige Zusammenarbeit mit Nürnberger Briefmalern und Holzschneidern wie PENCZ, SCHÖN, den Brüdern BEHAM und später JOST AMMAN, die entweder zu seinen Sgg. die entsprechenden Holzschnitte lieferten oder zu deren Bildern er nachträglich Verse verfaßte (vgl. dazu Röttinger [23] u. Beare [52]). Viele solcher Bilddrucke sind, häufig aus aktuellem Anlaß, zu seinen Lebzeiten erschienen und haben z. T. große Verbreitung gefunden. Auf diese Weise übte Sachs zeitweilig durchaus die Funktion eines Journalisten oder Tagesschriftstellers aus (s. Goetze [31], S. 12), so wenn er zu wichtigen, die Stadt Nürnberg betreffenden Ereignissen wie dem Besuch Karls V. (Nr 1049) das Wort ergriff, wenn er von den Türkenkriegen berichtete (u. a. Nr 594 u. 1141) oder eine Klage auf Luthers Tod verfaßte (Nr 1949). Bedeutsamer aber sind seine zeitkritischen Gedichte. Die Zustände im Reich, seine innere Zerrissenheit infolge der Glaubensspaltung und die Schwächung der kaiserlichen Zentralgewalt aufgrund des mächtig aufstrebenden Landesfürstentums forderten ihn mehrfach zu erbitterter Kritik heraus. Als wichtigste Zeugnisse sind in diesem Zusammenhang das »Artlich gesprech der götter die zwitracht des römischen reichs betreffende« von 1544 (Nr 1330) sowie seine Klage über das Interim von 1548 (Nr 2854) zu nennen, durch das nach der Niederlage der Protestanten in der Schlacht bei Mühlberg ein großer Teil der Errungenschaften der Reformation verloren zu gehen drohte. Mitunter gelangen ihm auch, wie etwa in der »Wolffs-klag« (Nr 1258), sehr wirksame und bissige Satiren in der Anprangerung des allgemeinen sittlichen Verfalls.

Zu scharfer Polemik aber ließ sich Sachs vor allem hinreißen, als Markgraf ALBRECHT ALCIBIADES VON BRANDENBURG-KULMBACH 1552 die Stadt Nürnberg überfiel, sie verwüstete und ihr Schäden zufügte, von denen sie sich lange nicht mehr erholen konnte. Gegen den Markgrafen sind u. a. das »Claggespech der stat Nürnberg« (Nr 3831) und der Prosadialog »Pasquillus von dem schlos zw Blassenburg« (Nr 4415) gerichtet, vor allem aber das »Gespech von der himelfart margraff Albrechz« von 1557 (Nr 5023), nach Srich [51], S. 364 f., Sachs' „bedeutendstes" Sg., das eine Art Höllenvision Dantescher Prägung darstellt. Ebenso wie Nr 3831 u. 4415 ist dieses Sg. niemals gedruckt worden, ja sein Inhalt erschien dem stets vorsichtig lavierenden Rat der Stadt so gefährlich, daß er nach Sachs' Tod den Befehl gab, es aus seinem Nachlaß zu entfernen (s. Lochner [27], S. 41). Tatsächlich sind in SG 11, das dieses Gedicht enthielt, die entsprechenden Seiten herausgerissen, lediglich durch zwei zeitgenössische Abschriften ist es uns erhalten geblieben (vgl. auch Goetze [28]).

Dennoch zeigen gerade Sachs' zeitkritische Dichtungen, daß er in seiner Haltung konservativ war, ein loyaler Diener der Obrigkeit und fest überzeugt von der Gottgewolltheit der sozialen Ordnung, in der er lebte. Seine Kritik richtete sich niemals gegen diese Ordnung selbst, sondern nur gegen diejenigen, die sie störten und den „gmeyn nutz" (s. Nr 1330) gefährdeten. Das zeigt sich vor allem in dem Sg. »Der arm gemain esel« von 1526 (Nr 117 a), in dem er die Klagen der Bauern gegen die „tirannische gewalt" zwar als berechtigt anerkannte, ihren Aufruhr jedoch scharf verurteilte und sie aufrief, ihr „creutz" zu tragen „biß ins end" (KG 23, S. 12 ff.).

II. DAS WERK

1. Überlieferung

a) Handschriften

In der »Summa all meiner gedicht« (Nr 5986 a) gibt Sachs an, er habe seine sämtlichen Dichtungen „mit eigner hand" in 34 Bänden zusammengetragen. Von diesen handschriftlichen Bänden enthielten 16 (MG) die Mll. und 18 (SG) die Sgg. einschließlich der Tragödien, Komödien und Fspp.

Bei dieser Zählung ist jedoch zu beachten, daß MG 1 u. SG 1 identisch waren (s. Drescher [19], S. 225 ff.), es sich in Wirklichkeit also nur um 33 Bände handelte, da Sachs in diesen ersten, in den frühen 20er Jahren begonnenen Band sowohl Sgg. als Mll. aufgenommen hatte. MG 2, das nur noch Mll. enthält, wurde 1526 begonnen, SG 2 1530. Seit dieser Zeit trug Sachs die neu entstandenen Dichtungen fortlaufend mit genauer Datumsangabe in die entsprechenden Bände ein und versah diese mit einem Register. Zur Zeit der Niederschrift der »Summa« war SG 18 noch nicht vollendet, die letzte Eintragung stammt vom 18. 11. 1572; einige später entstandene Dichtungen trug er in SG 12 nach, ebenso fügte er in MG 16 „etlich höffliche puelieder vor jarn gemacht, auch etlich gaistliche kirchengesang und kriegslieder psalmen" (Vorr. MG 16) ein. Vermutlich stammen auch einige der in SG 18 enthaltenen Lieder und Sprüche schon aus früherer Zeit, jedenfalls trägt das hier überlieferte Sg. auf Dürer (Nr 243) das Datum von 1528.

1560 stellte Sachs ein nach Gattungen und z. T. nach Stoffen geordnetes Generalregister (GR) aller bis dahin verfaßten Dichtungen auf, das zusammen mit dem Bücherverzeichnis und einer von ihm geschriebenen Schulordnung der Nürnberger Singschule von 1540 einen eigenen Band bildete. Noch im Jahr 1633 befanden sich alle Bände (vermutlich zusammen mit einem hs. verfaßten Regiebuch seiner Dramen, s. Bauch [39], S. 92 ff) im Nachlaß seines in Zwickau ansässigen Urenkels Johann Pregel (Bauch [39], S. 100 ff.). Dann geriet ihre Existenz lange Zeit in Vergessenheit. Erst seit der Mitte des 19. Jhs wurde ein Teil von ihnen nach und nach aufgefunden. Heute sind von den in Pregels Nachlaß verzeichneten Bänden noch 21 erhalten. Und zwar von den MGG Bd 2–5, 8, 12, 13, 15 u. 16, von den SGG Bd 4–6, 9–14, 16 u. 18 sowie der Registerband.

Von diesen Bänden befinden sich heute MG 2–5, 8, 12, 13, 15, SG 4,

11–13, 16, 18 sowie der Registerband im Ratsarchiv von Zwickau, MG 16, zusammengebunden mit SG 14, in der Stadtbibliothek Nürnberg, SG 5, früher Berlin, in der Universitätsbibliothek Tübingen, SG 6 in der Sächsischen Landesbibliothek Dresden und SG 9 u. 10, früher Leipzig, im Museum für deutsche Geschichte in Berlin. Alle übrigen Bände müssen als verloren gelten (Beschreibung des GR u. der Hss. bei Goedeke [13], 2, S. 410 ff., u. in KG 26, S. 3 ff.; einen zusammenfassenden Bericht gibt Beare [10]).

Der Verlust der SGG wiegt jedoch nicht allzu schwer, weil weitaus das meiste aus ihnen in die Nürnberger Folioausgabe Aufnahme gefunden hat. Eine Reihe weiterer Texte, u. a. die Reformationsdichtungen aus den 20er Jahren, sind uns durch frühe Einzeldrucke, andere, wie Nr 5023 (s. S. 9 f), durch zeitgenössische Abschriften überliefert. Insgesamt sind es daher nur wenig mehr als 100 Titel, die Goetze KG 26, S. 61 ff. als verloren bezeichnet, darunter leider Sachs' früheste Dichtungen, die sog. Buhllieder, von denen sich nur eines, das »Buhlscheidlied« (Nr 2), in einer späteren Meistersingerhs. erhalten hat.

Schwerer wiegt der Verlust der MGG, da die Mll. nur für den Gebrauch der Singschulen bestimmt waren und nicht gedruckt werden durften, Sachs sie also weder in die Folioausgabe aufgenommen noch in Einzeldrucken veröffentlicht hat. Immerhin ist uns auch hier ein verhältnismäßig großer Teil dessen, was in den verlorenen Bänden enthalten war, entweder inhaltlich aus den Sgg. bekannt (da Sachs mehrfach den gleichen Stoff ohne wesentliche Änderungen als Ml. und in Spruchform behandelt hat) oder in Abschriften überliefert, die Sachs für Freunde oder Auftraggeber eigenhändig hergestellt hat und die später in größere Sammlungen Eingang fanden. Nur ca ¼ aller Mll. bezeichnet Beare [10] S. 60 als endgültig verloren.

Zusammenstellungen der Hss., die Sachssche Mll. enthalten, findet man bei Schnorr v. Carolsfeld [14], Goedeke [13], 2, S. 248 ff., Goetze [18], S. 200 ff., u. Beare [10], S. 64, einige Ergänzungen gibt Beifus [20]. Eine Sammlung eigener und fremder Mll., die Sachs schon 1517 begonnen hatte (N2=MgQ 414) ist in seinem Bücherverzeichnis aufgeführt (Beschreibung bei Hankemeier Ellis [24]).

Endlich ist von Sachs auch noch das sog. *Gemerkbüchlein* erhalten, d. h. die Protokolle, die er während seiner Tätigkeit als Merker über die in Nürnberg abgehaltenen Singschulen angefertigt hat (hg. v. Drescher [S. IX]).

12

b) Einzeldrucke

Goetze verzeichnet in KG 24 mit Ergänzungen in KG 25, S. 655, u. 26, S. 120 ff., mehr als 300 Titel (Enr.) Sachsscher Dichtungen, die noch zu seinen Lebzeiten, z. T. in mehrfacher Auflage, in Einzeldrucken erschienen sind. Das Verzeichnis ist nicht vollständig, da einiges als verloren angesehen werden muß. Die größte Zahl dieser Drucke fällt in die Zeit zwischen 1523 und 1534, aus der es nach RÖTTINGER [23] (S. 14) nahezu kein Sg. gibt, das nicht sofort veröffentlicht wurde. Meist handelte es sich dabei um aktuelle Dichtungen, die z. T. in enger Zusammenarbeit mit Nürnberger Künstlern als Bilddrucke hinausgingen. Röttinger hat ein genaues Verzeichnis der noch zu ermittelnden Bilddrucke aufgestellt, von denen es nach seiner Schätzung ursprünglich ca 250 gegeben hat. Etwa ²/₅ müssen als verloren betrachtet werden.

Die von der früheren Forschung vertretene Annahme, daß der Holzschnitt zu Enr. 22 »Der arm gemain esel« (Nr 117 a) von Dürer stammt (s. KG 24, S. 94 f.), ist durch neuere Untersuchungen widerlegt worden (s. Beare [52], S. 177 f.).

c) Ausgaben

1. *Die Nürnberger Folioausgabe* (Fol.) erschien in mehreren Auflagen teilweise noch zu Sachs' Lebzeiten in Nürnberg und enthielt ausschließlich Spruchdichtungen (d. h. Sgg., Komödien, Tragödien u. Fspp.), da für die Mll. ein allgemeines Druckverbot bestand (Beschreibung in KG 26, S. 108 ff.).

Bd I: 1558; [2] 1560; [3] 1570; [4] 1589; [5] 1590. – Bd II: 1560; [2] 1570; [3] 1590; [4] 1591. – Bd III: 1561; [2] 1577; [3] 1588. – Bd IV: 1578. – Bd V: 1579.

2. *Die Kemptnerausgabe* (K) stellt eine nur leicht veränderte Neuausgabe von Fol. dar und erschien 1612–1616 in Kempten (Beschreibung in KG 26, S. 116 ff.).

3. *Die Ausgabe Keller-Goetze* (KG) erschien in 26 Bden 1870 bis 1908 in der ›Bibliothek des Literarischen Vereins in Stuttgart‹ und wird hier aufgeführt, weil es sich um eine Neubearbeitung von Fol. handelt, die ebenfalls ausschließlich Sgg. enthält.

Da KG die einzige neue Gesamtausgabe der Spruchdichtungen von Sachs darstellt, ihre Benutzung für den Nichteingeweihten aber recht schwierig ist, sei an dieser Stelle einiges über ihre Entstehungsgeschichte und ihren Aufbau gesagt. – Als KELLER 1870 mit der Aufgabe einer Sachs-Ausgabe betraut wurde, war lediglich ein einfacher Neudruck von Fol. geplant. Keller unterließ es jedoch, in seiner Einleitung darauf hinzuweisen und druckte statt dessen ohne weiteren Kommentar lediglich die Vorrede des Dichters zur 1. Aufl. von Fol. I ab. Erst für die Vorbereitung von Bd 12 wurde GOETZE als Mitarbeiter herangezogen, ab Bd 13 wurde er Mitherausgeber und 1885 nach Kellers Tod alleiniger Herausgeber. Im Gegensatz zu Keller zog Goetze zur Herstellung des Textes von Anfang an auch die Hss. heran, machte also aus dem ursprünglich geplanten Neudruck eine kritische Ausgabe. Daraus erklärt sich die unterschiedliche Textqualität und die unübersichtliche Anlage des Ganzen: Ein Verzeichnis der verwendeten Abkürzungen steht erst in Bd 26, S. 380 ff.; Anmerkungen, Ergänzungen und Berichtigungen zu den einzelnen Texten sind über sämtliche Bände verstreut; übersichtlich geordnete Inhaltsverzeichnisse für die einzelnen Bände fehlen. – Ebenso wie Fol. ist auch KG weder chronologisch noch nach Sachgruppen geordnet, sondern enthält in jedem Band eine Mischung verschiedener Gattungen und Texte aus der frühesten bis in die späteste Zeit. Und zwar entsprechen: KG 1–5 Fol. I; KG 6–9 Fol. II; KG 10–14 Fol. III; KG 15–17 Fol. IV; KG 18–21 Fol V. KG 22 u. 23 enthalten diejenigen Dichtungen (mit Ausnahme der Mll.), die in Fol. nicht aufgenommen worden waren (u. a. die Reformationsdialoge); KG 24 enthält außer weiteren Nachträgen ein Register der Einzeldrucke in chronologischer Reihenfolge; KG 25 enthält ein vollständiges Register sämtlicher Werke von Sachs (auch der Mll.) mit Angabe der lfd. Nr, des Entstehungsdatums, der Anfangszeile und einem Nachweis der hs. Überlieferung, der Einzeldrucke und der neueren Veröffentlichungen. Dieses Register ist die Grundlage für eine sinnvolle Benutzung von KG. Es baut auf dem – nur auszugsweise in KG 26 veröffentlichten – GR von Sachs auf, ist aber vervollständigt und verbessert worden, alle gesicherten biographischen Daten wurden eingearbeitet, die z. T. falschen Datierungen in den einzelnen Bänden von KG korrigiert. KG 26 endlich enthält umfangreiche biographische und bibliographische Nachweise, u. a. eine Beschreibung der MGG u. SGG, einen allerdings nicht vollständigen Quellennachweis sowie ein alphabetisches Register der Anfangszeilen der Sachsschen Dichtungen.

d) Philologische Probleme

Zusammenfassend läßt sich sagen, daß uns der weitaus größte Teil der über 6000 Dichtungen von Sachs entweder in Hss., frühen Einzeldrucken oder Gesamtausgaben überliefert ist und mit Ausnahme der Mll., von denen nur ein kleiner Teil veröffentlicht wurde, alles Vorhandene in einer neuen Ausgabe vorliegt. Da Sachs außerdem fast alle Dichtungen mit seinem Namen und dem genauen Datum ihrer Entstehung versehen, zu einem großen Teil auch die benutzten Quellen angegeben und in dem GR überdies bis auf ganz wenige Ausnahmen sämtliche Titel bzw. Anfangszeilen seiner Dichtungen verzeichnet hat, sind wir über sein riesiges Gesamtwerk insgesamt so zuverlässig unterrichtet, wie über das Werk keines anderen Dichters aus diesem oder früheren Jahrhunderten. Sachs war tatsächlich, wie STRICH [51] bemerkt hat, „sein eigener Literarhistoriker und Hans-Sachs-Philologe" (S. 369). Angesichts der Vielzahl vorhandener Dichtungen – GOETZE zählt in KG 25 insgesamt 6169 Nummern, da er aber mehrere Titel nachträglich eingeordnet hat, sind es in Wirklichkeit noch einige mehr – kann es freilich nicht verwundern, daß das Werk von Sachs dennoch einige philologische Probleme aufgibt.

Das erste betrifft das *Verhältnis von echten und unechten Dichtungen*. Obwohl Sachs über seine Werke sorgfältig Buch führte, „darmit sie auch nit vergingn und gar verloren wurden" (Vorr. MG 16), ist es wiederholt vorgekommen, daß einzelne seiner Dichtungen unter fremdem Namen erschienen bzw. andere ihm fälschlich zugesprochen wurden. Zur 1. Gruppe gehören u. a. zwei Lieder über die türkische Belagerung Wiens und die Gefangennahme des Herzogs von Sachsen, die noch in Liliencrons Sammlung (3, Nr 414 u. 4, Nr 553) anonym bzw. unter anderem Namen veröffentlicht wurden; zur 2. Gruppe zählen vor allem das Fsp. vom »Narrengießen« und das Kirchenlied »Warum betrübst du dich, mein Herz«, die jahrhundertelang Sachs zugeschrieben und erst von Goedeke [13] (2, S. 415 f., 460) als unecht erkannt worden sind. Noch in neuerer Zeit hat Kaufmann [21] S. 39 f. ein spätes Lied von Sachs aus SG 14 veröffentlicht, das Goetze in KG 25 nicht aufgenommen hatte.

Das zweite Problem betrifft die *Datierung* einzelner Stücke. Zwar hat Sachs bis auf wenige Ausnahmen sämtliche Dichtungen mit einem genauen Datum versehen, aber gelegentlich weichen die Angaben in den Hss., dem GR und Fol. voneinander ab, und in einigen Fällen hat er nicht das Datum der Entstehung, sondern nur der Eintragung in die Hs. notiert. Das trifft vor allem für die Sgg. zu, die er später umgearbeitet und nur in dieser erweiterten Fassung in die SGG aufgenommen, sowie für einige Lieder, die er erst lange nach ihrer Entstehung in die späten MGG bzw. SGG eingetragen hat (s. Kaufmann [21], S. 4 ff.).

Auch das *Verhältnis der SGG u. MGG zu Fol.* hat der Forschung einige Probleme aufgegeben. Goetze war noch der Auffassung, daß Sachs an der Vorbereitung der posthum erschienenen Bände nicht mehr beteiligt gewesen sei und hat sich daher in KG 15–21 vorwiegend auf die Hss. gestützt. Kaufmann [21] hat jedoch nachgewiesen, daß Sachs bereits 1561 die Herausgabe eines neuen Bandes plante und die seit dieser Zeit entstehenden Dichtungen von vornherein für den Druck bestimmte, wobei dann die noch einmal stark anwachsende Produktion in den 60er Jahren einen weiteren Band erforderlich machte. Demnach handelte es sich also auch bei Fol. IV u. V um einen von Sachs selbst noch autorisierten Text, und Goetzes Ausgabe, an der vor allem Kaufmann und Paetzoldt [22] Kritik geübt haben, wäre daraufhin noch einmal zu überprüfen (das gilt natürlich erst recht für die noch von Keller herausgegebenen Bände, für die umgekehrt die Hss. nicht zu Rate gezogen wurden). Paetzoldt [22] hat aufgezeigt, daß Sachs für die Herstellung sämtlicher Bde. von Fol. an seinen Dichtungen z. T. umfangreiche Besserungen sprachlicher, metrischer und inhaltlicher Art vorgenommen hat und die zahlreichen sinnentstellenden Fehler, Wortauslassungen oder -verdrehungen usw., die vor allem Fol. I aufweist (s. Goetze [16]), zu Lasten der Setzer gehen.

Zum Problem der Gattungsbezeichnungen vgl. den nächsten Abschnitt.

2. Gattungen

Sachs war nicht nur der weitaus produktivste, sondern neben Wickram auch der vielseitigste deutsche Dichter des 16. Jhs. Mit Ausnahme des Vers- oder Prosaromans sind sämtliche in jener Zeit gebräuchlichen literarischen Formen in seinem Werk vertreten: das Fsp. neben den Tragödien und Komödien, der Ms. neben dem geistlichen und weltlichen Lied und der Prosadialog neben dem umfangreichen Komplex der Spruchdichtung, der gleicherweise Lehrhaftes, Religiöses, Politisches und Unterhaltendes, die schwankhaft pointierte Erzählung und das moralisierende Gespräch umfaßt. In den Prosadialogen knüpfte Sachs ebenso wie in den Tragödien und Komödien an die literarischen Versuche der Humanisten an; im Fsp. dagegen sowie im Ms. und der Spruchdichtung setzte er bereits bestehende literarische Traditionen fort, wobei jedoch vor allem das Fsp. durch ihn eine völlig neuartige Prägung erhielt. Inwieweit sich Sachs der Eigenständigkeit der einzelnen Gattungen und ihrer jeweils unterschiedlichen Form- und Gestaltungsgesetze bewußt war, ist nach allgemeiner Forschungsansicht fraglich. Er selbst unterschied in seinen Vorreden oder Registern teils nach Gattungen in dem eben angeführten Sinne, teils nach Stoffen, nämlich geistlichen, weltlichen, historischen, biblischen usw., teils auch nur nach metrischen Gesichtspunkten – außer den Mll. und Liedern sind alle übrigen Versdichtungen in Reimpaaren geschrieben, woraus sich die Einteilung in MGG und SGG erklärt. In vielen Fällen war er in der Verwendung des richtigen terminus unsicher, Schwankungen und Widersprüche zwischen den Bezeichnungen kommen relativ häufig vor (Einzelheiten s. u.), und sehr oft hat er ein und denselben Stoff sowohl als Ml. wie auch als Sg. oder Drama gestaltet, ohne daß dies immer auch

16

nennenswerte Umformungen des Inhalts zur Folge gehabt hätte. Das liegt freilich weniger an Sachs' geringem künstlerischen Differenzierungsvermögen als an der Situation der Zeit, in der die Freude am Experiment allgemein ausgeprägt war und die Grenzen zwischen den einzelnen Gattungen (z. B. zwischen Dialog und Drama oder Fsp. und Kampfgespräch) daher keineswegs immer sicher zu ziehen sind. Daß Sachs sich anders als Wickram an der neuen Form des Prosaromans nicht versucht hat, liegt möglicherweise daran, daß er weder bei den Humanisten noch den Meistersingern Anregungen dazu vorfand. Allgemein gilt er als Meister der „kleinen Form", wobei man sich lediglich darüber streitet, ob dabei der epischen (Schwank) oder der dramatischen (Fsp.) der Vorzug zu geben ist.

Eine nach Jahren aufgegliederte Übersicht über die Verteilung der Sachsschen Dichtungen auf die verschiedenen Gattungen gibt GEIGER [106], S. 96 f. Da eine zweifelsfreie Einordnung aber nicht immer möglich ist, kann sie unbedingte Verläßlichkeit nicht für sich beanspruchen; überhaupt findet man aus den erwähnten Gründen in fast jeder Untersuchung andere Angaben darüber, wie viele Kampfgespräche, Komödien, Tragödien, Fspp. usw. Sachs geschrieben hat.

3. STOFFE

Die Quellen von Sachs' Dichtungen sind insgesamt am gründlichsten und vollständigsten durchforscht worden. Es existieren zahlreiche Untersuchungen sowohl zu den einzelnen Stoffgebieten (besonders materialreich ist die von ABELE [64]) als auch zu den bevorzugten Quellen der verschiedenen Gattungen, wozu Sachs durch seine Angaben bereits umfassende Vorarbeiten geleistet hatte. Nach STIEFEL [61] hat er nicht weniger als „den ganzen unendlichen Schatz antiker, mittelalterlicher und Renaissance-Litteratur sowohl in Dichtung als in Geschichte, Geographie usw." (S. 34) in seinen Dichtungen verarbeitet.

Vier große Themenkreise zeichnen sich im wesentlichen ab. 1) Die Bibel: Sachs hat im Laufe seines Lebens den gesamten Psalter, fast das ganze AT sowie einen beträchtlichen Teil des NT in Verse gebracht; 2) die antike, mal. und zeitgenössische Geschichtsschreibung bzw. Chronikliteratur; 3) die antike Dichtung und die italienische Renaissancenovellistik, soweit sie in Übersetzungen oder Bearbeitungen vorlag; 4) die mal. und zeitgenössische deutsche Dichtung, erstere vornehmlich in der Form, wie sie in den »Gesta Romanorum« oder den Volksbüchern überliefert war. Hinzu kommen die Bearbeitungen einiger

17

Texte der jüngeren Humanisten sowie die gelegentliche Benutzung von Reisebeschreibungen, moralphilosophischen, theologischen und naturkundlichen Schriften usw.

Für seine religiösen, politischen und moraldidaktischen Sgg. hat Sachs nur teilweise auf überlieferte Motive (Rahmenhandlung, allegorische Einkleidung, mythologische Gestalten usw.) zurückgegriffen und den Stoff für eine nicht unbeträchtliche Anzahl von Schwänken und Fspp. vorwiegend der eigenen Anschauung und Lebenserfahrung entnommen. Die meisten seiner Dichtungen gehen jedoch auf literarisch bereits vorgeformte Quellen zurück, ja sind in der Regel Niederschlag unmittelbar vorangegangener Lektüre. Denn oft läßt sich feststellen, daß Sachs, sobald er einer Neuerscheinung habhaft wurde, ihren Inhalt zu Sprüchen, Mll. oder Dramen umzuformen begann. Dabei ging er jedoch keineswegs sklavisch vor, sondern zog, soweit dies möglich war, mehrere Vorlagen vergleichend zu Rate, wählte aus, kürzte oder erweiterte und nahm z. T. recht erhebliche Umgestaltungen vor, wie vor allem GEIGER [106, 128] am Vergleich seiner Mll. und Fspp. mit ihren Quellen gezeigt hat.

Eine Aufgliederung der Stoffgebiete auf die einzelnen Gattungen läßt sich nicht vornehmen, da sich die Themenkreise auf sämtliche Dichtungsarten verteilen, ja Sachs mit Vorliebe den selben Stoff mehrmals, in jeweils verschiedener Form, gestaltet hat. Eine zweifache Bearbeitung erst im Ml., dann im Sg., seltener umgekehrt, ist häufig (Geiger [106] zählt S. 29 etwa 225 Fälle auf), eine dreifache keineswegs Ausnahme. Sogar vierfache Bearbeitungen kommen vor, so bei dem Stoff von den »ungleichen kindern Eve«, den Sachs 1547 als Ml. (Nr 2412), 1553 als Fsp. (Nr 4214), ebenfalls 1553 als Komödie (Nr. 4245) und 1558 als Schwank (Nr 5121) gestaltet hat. Während er dabei an den Stoffen meist nur geringfügige Änderungen vornahm (viele inhaltsgleiche Mll. und Sgg. stimmen fast wörtlich überein), hat Kellner [67] für diesen Fall nachgewiesen, daß es das schwer zu lösende Problem der Ungleichheit der Stände war, das Sachs an diesem Stoff gereizt und zu mehrfacher Bearbeitung unter stets neuem Aspekt veranlaßt hat.

Insgesamt also war Sachs, was die Inhalte seiner Dichtungen betrifft, eher rezeptiv als creativ. Nur z. T. wird man darin ein Fortwirken der mal. Dichtungstradition sehen dürfen, für die die Berufung auf die Autorität der Quelle gleichbedeutend mit dem Anspruch auf Wahrheit war. Vielmehr deutet der direkte Zusammenhang zwischen eigener Lektüre und künstlerischer Reproduktion, der für viele Fälle gesichert ist, auf sein Bestreben hin, sich die neue Geistes- und Bildungswelt, die Humanismus und Reformation ihm erschlossen hatten, mit Hilfe sprach-

18

licher Umsetzung anzueignen und in die eigene Weltsicht zu integrieren. Das war selbstverständlich nur auf dem Wege einer konsequenten Umdeutung zu erreichen, die man Sachs seitens der Forschung immer wieder angekreidet und als Ausdruck geistiger Beschränktheit und mangelnden Verständnisses ausgelegt hat.

4. SPRACHE

Trotz mundartlicher Besonderheiten zeigt Sachs' Sprache eine verhältnismäßig starke Annäherung an das „gemeine Deutsch" der kaiserlichen Kanzleien, das sich im 16. Jh. in den süddeutschen Druckereien als allgemein verbindlich durchgesetzt hatte (A. Bach »Geschichte der Deutschen Sprache«, [6] 1956, S. 184). Abgesehen von den Arbeiten zu Lautstand und Grammatik ist sie jedoch kaum einmal gründlicher analysiert bzw. in ihrer künstlerischen Leistung gewürdigt worden (eine Ausnahme bilden höchstens die einschlägigen Arbeiten Geigers [106, 128]. Die meisten Interpreten haben sich statt dessen auf allgemeine Bemerkungen beschränkt und sind dabei zu höchst unterschiedlichen Bewertungen gelangt. So hat man einerseits Sachs' Sprache an Bedeutung mit derjenigen Luthers verglichen (u. a. Gervinus »Geschichte der deutschen Dichtung«, 2, [4] 1853, S. 415; Goetze [31], S. 16; Shumway [76], S. 7 f.), ihm aber andererseits die Fähigkeit zur sprachlich angemessenen Bewältigung seiner Gegenstände weithin abgesprochen.

Dieser Widerspruch ergibt sich daraus, daß man einmal von Sachs' historischer Leistung ausging, im konkreten Fall aber ästhetische Maßstäbe anlegte, die anderen Literaturepochen entnommen sind. So hat etwa Isenring [71] S. 162 ff. auf der Grundlage von Opitz' »Von der Deutschen Poeterey« eine Liste seiner typischen „Sprachmängel" aufgestellt, während andere geltend gemacht haben, daß seine Ausdrucksmittel zwar für den niederen Bereich von Schwank und Fsp. ausreichten, vor bedeutsamen, insbesondere tragischen Stoffen aber versagten. Als Begründung wird in der Regel angeführt, daß er im wesentlichen nur über *eine* Sprachebene verfügte und bis auf geringe Ansätze keinerlei differenzierende Aussagemöglichkeiten besaß.

Sachs war jedoch auch darin ein typischer Repräsentant seiner Zeit, daß er, im Prinzip wenigstens, weder eine eigentliche Kunstsprache noch eine individuelle Ausdruckssprache kannte, wobei man allerdings zwischen den Mll. und den Spruchdichtungen unterscheiden muß. Denn in den Mll. haben wir es, bedingt durch die literarische Tradition und den Zwang der

Strophenschemata, tatsächlich mit einer Kunstsprache zu tun, die trotz ihrer teilweise komplizierten Metaphorik eigentümlich abstrakt wirkt und häufig sogar gegen die natürliche Wortfolge verstößt. Jedoch hat sich Sachs gerade in seinen erzählenden Mll. vielfach dem Metrum und damit auch der Sprache der Spruchdichtungen angenähert. Diese aber ist durchgängig Alltagssprache, ist die Sprache des „gemeinen Mannes", die Luther im »Sendbrief vom Dolmetschen« im Auge hatte. Sie ist einfach und klar in Aufbau und Wortwahl, vermeidet komplizierte syntaktische Fügungen ebenso wie ausgefallene Wendungen, bevorzugt statt der Umschreibung den direkten Ausdruck, verzichtet auf rhetorische Finessen (obwohl Sachs in seiner Bibliothek eine »Rhetorica deutsch« besaß) und ist nicht begrifflich abstrakt, sondern realitätsbezogen und bildhaft (die dingliche Beschreibung spielt gerade in seinen allegorischen Dichtungen eine große Rolle). Die Bilder sind vorwiegend dem Alltagsleben entnommen, Sprichwörter kommen überaus häufig vor (s. Schweitzer [77], Handschin [81], Rosen [83]), und der Ausdruck ist gelegentlich von unverblümter Derbheit, wie es dem Stil der Zeit entsprach. Von Luther aber unterscheidet sich Sachs sprachlich durch eine mitunter geradezu verblüffende Nüchternheit. Er enthielt sich jeder Übersteigerung und Emotionalität, wählte statt des affektbetonten lieber den neutralen Ausdruck und vermied alle sprachlichen Mittel, die über die Konstatierung des Sachverhaltes hinaus Stimmung erzeugen oder an das Gefühl appellieren könnten. Das gilt besonders für Dichtungen wie die Tragödien, für die sich ein gewisses Pathos durchaus angeboten hätte, während er umgekehrt im Schwank und Fsp. über eine recht lebendige Ausdrucksfähigkeit verfügte und in einigen späten Fspp. sogar ein ausgesprochenes Interesse am Wortspiel zeigte.

Diese eigentümliche Mischung von Anschaulichkeit und Nüchternheit wird in der Forschung, im Hinblick auf Dürer, gern als „holzschnittartig" bezeichnet. Sie ist in den frühen Werken ebenso anzutreffen wie in den späten – abgesehen von einer zunehmenden Weitschweifigkeit hat man eine sprachliche Entwicklung bei Sachs bisher nicht feststellen können – und bleibt sich unabhängig vom Stoff oder dem Charakter des jeweiligen Sprechers (s. Creizenachs [127] Beobachtungen zur Virginiatragödie, S. 416) in den verschiedenen Gattungen im wesentlichen stets gleich. Vom modernen ästhetischen Standort betrachtet ist dies zweifellos eine Schwäche. Historisch gesehen aber bestand Sachs' Leistung gerade darin, daß er seinen Mitbürgern eine ihnen ursprünglich fremde Bildungswelt durch konsequente Umsetzung in die Alltagssprache geistig verfügbar machte und durch eine betont nüchterne Darstellung ihre Einsicht in dasjenige zu wecken versuchte, was für sie daraus nützlich und praktisch verwertbar war. Denn in erster Linie zielte seine Sprache auf Belehrung, seltener auf Unterhaltung, nie auf Erschütterung. Darüberhinaus aber war Sachs der erste deutsche Dichter, der in größerem Umfang die banale Welt der alltäglichen Dinge, die vor ihm entweder übersehen oder in komisch grotesker Verzerrung dargestellt worden waren, sprachlich erfaßt und bewältigt hat. In diesem Realismus ist wohl die eigentlich literarhistorische Bedeutung seiner Sprache zu sehen.

5. Metrik

Die Kritik an der Sprache von Sachs hat sich immer wieder vor allem an der Kritik seiner Verstechnik entzündet.

Lange gingen die Meinungen über die Qualität seines Verses weit auseinander. Für den jungen Goethe wurde er zum Vorbild seines Knittelverses – „wir benutzten den leichten Rhythmus, den sich bequem anbietenden Reim bei manchen Gelegenheiten" (»Dichtung u. Wahrheit«, Hamburger Ausg., 10, S. 122) – ca. 100 Jahre später dagegen sprach Mayer [80] von „arrhythmie" und „klippklapptechnik" (S. 481). Dieser Unterschied in der Bewertung erklärt sich aus der verschiedenartigen Beantwortung der Frage, ob Sachs *silbenwägend oder silbenzählend* verfahren ist, d. h. ob er in Anlehnung an den Reimpaarvers des Ma. Füllungsfreiheit der Senkungen kannte oder, wie es in zunehmendem Maße im Ms. üblich wurde, neben der feststehenden Zahl der Hebungen auch Regelmäßigkeit der Senkungen, d. h. aber eine feststehende Zahl von Silben anstrebte. Goethe hatte die Füllungsfreiheit der Senkungen in Sachs' Vierhebern als selbstverständlich angenommen und seine eigenen Knittelverse entsprechend gebaut. Einige Forscher sind ihm grundsätzlich darin gefolgt, andere dagegen, und zwar die Mehrzahl, sahen darin früh schon ein „schöpferisches Mißverständnis" Goethes (Trunz, Kommentar zur Hamburger Ausg. 10, S. 122) und vertraten für Sachs mit Entschiedenheit das silbenzählende Prinzip (s. die Übersicht bei Burchinal [82], S. 22). Spezialuntersuchungen, zuerst von Sommer [73], später von Mayer [80] und auf ihm fußend von Kaufmann [21], haben diese Auffassung bestätigt, die sich heute fast allgemein durchgesetzt hat.

Dabei haben die neueren Untersuchungen (die sich allerdings, da vollständiges statistisches Material bisher nicht vorliegt, sämtlich auf die metrische Analyse einer verhältnismäßig kleinen, mitunter willkürlich herausgegriffenen Anzahl von Versen beschränken) folgendes ergeben:

Ein grundlegender Unterschied zwischen Ms. und Spruchdichtung besteht nicht. Vielmehr konnte Sachs, wie vor allem Kaufmann [21] S. 68 ff. gezeigt hat, Mll. im „Rosenton" und der „Spruchweise" mit ihrem Wechsel von paarweise gereimten 2x9- u. 2x8- bzw. 2x7-Silblern späterhin zu Sgg. umarbeiten, ohne mehr als nur geringfügige Änderungen vornehmen zu müssen. Der einzige Unterschied besteht darin, daß im Ml. die Anzahl der Hebungen von Ton zu Ton wechselt, während in den Spruchdichtungen die Zahl von 4 Hebungen vorherrscht (nur selten kommen 3 oder auch 2 Hebungen vor). Alle Verse haben streng alternierenden, und zwar jambischen Rhythmus nach dem Schema ⅩⅩⅩⅩ, woraus sich eine jeweils feststehende Zahl von Silben ergibt (in den Spruchdichtungen beträgt sie bei männlichem Reim 8, bei weiblichem 9, u. bei dreisilbigem 10, bei dreihebigen Versen entsprechend 6 oder 7), von denen jede, dem Prinzip der Silbenzählung entsprechend, in der Hebung oder in der Senkung stehen und jede den Reim tragen konnte.

Ersteres hat Mayer [80] zwingend anhand von Versen nachgewiesen, in denen Sachs mehrere unverbundene einsilbige Substantive oder Adjektive aneinandergereiht oder eine Stammsilbe mit einer Flexionssilbe gereimt hat, letzteres wird durch zahlreiche Verse erhärtet, in denen ein einsilbiges auf ein zweisilbiges Wort reimt bzw. Flexions- oder Ableitungssilben alleiniger Reimträger sind.

Sachs hat also vielfach bewußt gegen den natürlichen Wortakzent verstoßen bzw. diesen Verstoß um der festen Silbenzahl und des alternierenden Rhythmus willen in Kauf genommen („fehlerhafte" Verse hat er später sogar gelegentlich entsprechend korrigiert, s. Kaufmann [21], S. 82 ff.). Allerdings handelte es sich bei derartigen Verstößen, die im gesungenen Ml. naturgemäß längst nicht so stark ins Gewicht fallen wie im gesprochenen Reimpaarvers, im Grunde nur um die letzten Konsequenzen eines metrischen Prinzips, keineswegs aber um eine allgemeine Regel. Vielmehr fallen in einer sehr großen Zahl von Versen Wort- und Versakzent zusammen und krasse Fälle wie die von Sommer [73] S. 34 zitierten: „Einén jungén, schönén studénten" oder „Irér eltérn zorén zu fliéhen" sind verhältnismäßig selten. Im Gegensatz zu Mayer [80] hat Stammler sogar den „Reichtum" der Sachsschen Rhythmik gerühmt, „den keiner seiner reimenden Zeitgenossen erreichte" (»Von der Mystik zum Barock«, [2] 1950, S. 220).

22

Eine weitere Folge der festen Silbenzahl war die gelegentliche Wortverzerrung oder -verstümmelung. Und zwar hat Sachs sich, um auf die vorgeschriebene Silbenzahl zu kommen, sowohl der Wortverkürzung (Elision, Synkope, Apokope) als auch, was für heutiges Sprachempfinden schwerer wiegt, der Wortverlängerung (meist durch Einfügen oder Anhängen eines überflüssigen „e") bedient, wobei die zusätzlich gewonnenen Silben ebenfalls reimfähig waren oder in der Hebung stehen konnten (s. Sommer [73], S. 10 ff., der auch hierzu einige besonders krasse Fälle anführt, in denen innerhalb eines Verses kein einziges Wort von derartigen Verstümmelungen verschont blieb. Auch sie bilden jedoch, im Großen gesehen, Ausnahmen).

Etwas positiver hat man allgemein die *Reimtechnik* von Sachs beurteilt. Abgesehen von der Reimfähigkeit unbetonter Silben usw. sind seine Reime zumeist rein; Assonanzen kommen vor, sind aber angesichts der Fülle des vorhandenen Materials relativ selten (ein Reimwörterbuch existiert leider noch nicht, auch hier beschränken sich die Untersuchungen meist auf nur wenige Beispiele). Daß Sachs häufig in Reimnot geriet, versteht sich bei dem Umfang seiner Dichtung von selbst (zumal er am Schluß fast jedes Gedichts ein Reimwort auf „Sachs" benötigte). Gebrochene Reime nach dem Muster jenes Spottverses aus dem 18. Jh.: „Hans Sachse war ein Schuh-/Macher und Poet dazu" (s. Kopp [173]) finden sich fast gar nicht, dagegen hat Sachs sich, vorwiegend natürlich in den Mll., häufig des Binnenreims und Schlagreims bedient und vor allem im Drama als einer der ersten vom Stichreim und Dreireim Gebrauch gemacht. Letzterem hat Herrmann [74] eine gründliche Untersuchung gewidmet und dabei festgestellt, daß Sachs vor allem in späteren Jahren diese künstlerischen Mittel sehr differenziert und wirkungsvoll verwendet hat. Zu erwähnen ist ferner, daß er vor allem in den Fspp. das Reimpaarschema gelegentlich durch kurze Ausrufe, Wortwiederholungen usw. durchbrochen und auf diese Weise versucht hat, den Wortgefechten der Spieler größere Lebendigkeit zu verleihen.

Fällt insgesamt das Urteil der Forschung über Sachs' Verskunst nicht allzu günstig aus, so ändert sich doch das Bild, wenn man sie mit derjenigen anderer deutscher Dichter des 16. Jhs vergleicht. Denn allgemein kann man die Feststellung machen, daß im 16. Jh. in der Behandlung der Vers- und Reimtechnik entweder eine weitestgehende Willkür herrschte oder die Einführung fester metrischer Regeln, wie sie im Ms. vorlag, eine Verzerrung der natürlichen Gesetze der Sprache zur Folge hatte. Erst Opitz hat die Übereinstimmung von metrischem System und natürlichem Sprachduktus theoretisch gefordert und praktisch verwirklicht. Ein entsprechender Versuch, den Rebhun bereits 1540 in seinem Susannendrama unternommen hatte, ist im 16. Jh. bezeichnenderweise ohne Wirkung geblieben. Die Gründe dafür sind sicher nicht zuletzt darin zu sehen, daß es erst im Barock, wie vorher schon einmal um 1200, wieder eine allgemeine deutsche Literatursprache gegeben hat, für die im 16. Jh. erst die Voraussetzungen geschaffen und die Vorarbeiten geleistet werden mußten. Zu diesen Vorarbeiten hat Sachs entscheidendes beigetragen, indem er sich der Mammutaufgabe unterzog, nahezu die gesamte Wirklichkeit seines Zeitalters, so wie sie sich ihm aus der Sicht des einfachen Bürgers darstellte, in feste sprachliche und metrische Formen einzufangen.

III. DIE EINZELNEN GATTUNGEN

1. Allgemeine Charakterisierung

Das Opus von Sachs hat bei seinen Betrachtern häufig eine Reaktion hervorgerufen, in der sich Bewunderung, Verblüffung und ein gewisses Befremden mischen. Bewunderung für den immensen Fleiß dieses Mannes, der in seiner besten Zeit bis zu 450 Titel jährlich verfaßte (s. d. Tabelle bei Geiger [106], S. 96 f.), Verblüffung über die Selbstverständlichkeit, mit der er sich unter Verzicht auf jegliche Auswahlprinzipien Motive und Stoffe verschiedenster Herkunft zu eigen machte, Befremden aber über die Tatsache, daß er Literatur gleichsam am Fließband produzierte, selbst das Geleistete nach Zahlen bewertete (Sachs hat seine Dichtungen wiederholt gezählt, zuletzt in der »Summa all meiner gedicht«, Nr 5986 a) und im Verlauf eines 60jährigen Schaffens keine nennenswerte künstlerische Entwicklung durchgemacht hat. Angesichts des Umfangs seines Werkes, das sich der Bewertung durch ausschließlich ästhetische Kategorien weithin entzieht, hat Müller von einer „magische(n) Lust des Verwortens" gesprochen (»Deutsche Dichtung von der Renaissance bis zum Ausgang des Barock«, 1930, S. 171). Der Schlüssel zum Verständnis von Sachs liegt jedoch eher in der Zielsetzung, die er verfolgte, bzw. der spezifischen Funktion, die er der Dichtung und damit der Kunst überhaupt zuerkannte.

Wiederholt, am ausführlichsten in dem Sg. »Die neun gab muse oder kunstgöttin betreffend« (Nr 740), in dem er seine Berufung zum Dichter schilderte, hat Sachs ausdrücklich darauf hingewiesen, daß für ihn in der *Erziehung und Besserung* der Menschen die eigentliche Aufgabe der Kunst bestehe und hat sich dementsprechend in den Sgg. mit Vorliebe in der Rolle des Sehers dargestellt, dem im Traum oder in einer Vision der Auftrag dazu von höheren Mächten erteilt wird (dazu allg. Wolff [45], zu Nr 740 Hinker [47], S. 80 ff., und zu den Traumvisionen Theiß [119], S. 97 ff.). Von den frühen Buhlliedern abgesehen, bei denen es sich nach Ausweis des einzigen uns erhaltenen Textes um reine Liebeslieder handelte, gibt es von ihm nahezu keine Dichtung, die nicht von dieser Zielsetzung bestimmt wäre, ja gibt es nur wenige, in denen er den pädagogischen Gehalt nicht noch einmal zu einer sentenzartigen Schlußmoral zusammengefaßt hätte. Literarisch knüpfte Sachs damit an die Tradition der spätmal. Didaktik an, ging aber in seiner Intention weit über sie hinaus, da die Didaktik für ihn nicht mehr ein Literaturzweig unter vielen anderen, sondern gleichbedeutend mit Dichtung überhaupt war. In dieser Auffassung wußte er sich mit den meisten seiner dichtenden Zeitgenossen, insbesondere den protestantischen Pfarrern und Schulmeistern einig, die sich sämtlich darum bemühten, die Errungenschaften der Reformation und des Humanismus in die Prinzipien einer praktisch anwendbaren Ethik umzusetzen, die der neu errichteten bürgerlich-protestantischen Gesellschaft als Fundament dienen sollte. Sachs übertraf sie jedoch durch die Vollständigkeit des Materials, das er zu diesem Zweck zusammentrug, sowie durch die Konsequenz, mit der er diese Prinzipien auf alles ihm Zugängliche anwandte. Denn was er erstrebte — und weithin auch erreichte — war nichts geringeres, als die gesamte dem 16. Jh. bewußtseinsmäßig verfügbare Wirklichkeit in Normen zu fassen, aus denen der Durchschnittsbürger Maßstäbe für das rechte Verhalten in seinem Lebens- und Wirkungsbereich ableiten konnte.

Die *Ethik*, für die er in seinen Dichtungen eintrat, entspricht daher weithin der bürgerlichen Durchschnittsethik, wie sie sich im 16. Jh. herausgebildet hatte. Sie ist diesseitsbezogen und rational bestimmt, stärker an den Belangen der Gemeinschaft als des Individuums orientiert, sie basiert auf den Institutionen von Ehe und Familie als den Grundpfeilern der bürgerlichen Ordnung (»Darumb ... spar (d)ein lieb biß inn die ee,/Darauß (dir) Glück und heil erwachs« ist eine Sentenz, die schon der ganz junge Sachs geprägt und später noch oft wiederholt hat = Nr 33, KG 3, S. 417) und wertet den einzelnen vorwiegend als Typus, der als Vertreter eines Standes, Berufes oder „Amtes" im Lutherschen Sinne in seiner sozialen Rolle aufgeht und in seinen Entscheidungen an die allgemein geltenden Normen gebunden ist. Da im Religiösen verankert und mit dem göttlichen Gebot gleichgesetzt, waren diese Normen für Sachs zugleich absolut gültig und ließen für Gewissenskonflikte oder ein subjektives Abwägen zwischen verschiedenen Verhaltensweisen keinerlei Spielraum. Daraus erklärt sich u. a. der oft gerügte Mangel an psychologischer Gestaltung und individueller Charakterzeichnung, den er jedoch wie alle derartige „Mängel" mit seinen Zeitgenossen gemeinsam hat.

Die *Eigenart des Sachsschen Werkes* beruht nun eben darauf, daß er diese sehr eng gefaßten Moralvorstellungen, die im Grunde nur für eine bestimmte Gesellschaftsschicht Gültigkeit

besaßen, auf sämtliche ihm erreichbaren Stoffe übertrug, gleichgültig, ob es sich dabei um Stoffe aus dem Bereich von Bibel,
Geschichte und Sage oder lediglich um Begebenheiten aus dem
bürgerlichen Alltagsleben handelte, gleichgültig auch, ob er
religiöse, tragisch heroische oder nur schwankhafte Themen
bearbeitete. Darin liegt die Erklärung für die erstaunliche
Gleichförmigkeit, die sein Werk trotz der Fülle seiner Inhalte
aufweist, darin liegt aber auch die Erklärung für die höchst
unterschiedliche Bewertung, die seinen Dichtungen in der Forschung zuteil geworden ist, je nachdem, ob man seine Schwänke,
Fabeln und Fspp. oder seine Historien, Tragödien und Komödien vor Augen hatte. Denn überall dort, wo Sachs die Wirklichkeit seines Zeitalters in direktem Zugriff gestaltete, wie vorwiegend in den Schwänken und Fspp., bot sich seine Perspektive
als die einzig mögliche und natürliche an, waren die Wertmaß-
stäbe, die er anlegte, dem sozialen Milieu und Verhaltenskodex
seiner Figuren angepaßt, konnte sich seine Fähigkeit zu anschaulich realistischer Darstellung sowie sein nüchterner Sinn
für die praktischen Erfordernisse des alltäglichen Lebens frei
entfalten, ergab sich also von selbst eine Kongruenz von Inhalt
und Darbietungsform. Umgekehrt aber wurde er dort, wo er
literarisch bereits vorgeformte Themen aus der germanischen
oder griechischen Heldensage, der römischen Geschichte, den
alttestamentlichen Schriften usw. behandelte wie vor allem in
den Tragödien und Komödien, z. T. zu gewaltsamen Umdeutun-
gen gezwungen, um den jeweiligen Stoff seinen Absichten dienst-
bar machen zu können. Er mußte das Außerordentliche auf das
Alltägliche, das Einmalige auf das Typische und die verwickelt-
sten Vorgänge auf einfache menschliche Grundverhältnisse redu-
zieren, mußte tragische Gewissenskonflikte in das starre Schema
von Tugenden und Lastern pressen und die Heroen, Götter,
Heiligen oder Verbrecher, die er in seinen Quellen vorfand, in
beliebige Durchschnittsmenschen verwandeln, in denen der „gemeine Mann" sich spiegeln und aus deren Scheitern oder Ge-
lingen er Erkenntnisse für sein eigenes Tun und Lassen beziehen
konnte. Das Ergebnis war in zahlreichen Fällen zwangsläufig
ein für heutige Begriffe groteskes Mißverhältnis von Gestaltung
und Inhalt, das nach allgemeiner Ansicht in seinen Tragödien
besonders kraß in Erscheinung tritt. Die künstlerische Qualität
des Werkes von Sachs ist daher je nach Stoff und Darstellungsebene in der Tat sehr unterschiedlich. Dennoch muß man sich
darüber klar sein, daß seine Stärken und Schwächen letztlich
auf die gleiche Wurzel zurückgehen, d. h. in einer einheitlichen

Zielsetzung begründet sind. Denn worum es Sachs in all seinen Dichtungen ging, war stets die Herstellung eines konkreten Gegenwartsbezugs, die Umsetzung in soziale und moralische Aktualität, die bei einigen Stoffen von vornherein gegeben war, bei anderen aber auf Kosten oder unter Verfälschung ihres ursprünglichen Aussagegehaltes erst mühsam geschaffen werden mußte.

Hinter dem *Interesse am Stoff*, das man Sachs meist in abwertendem Sinne so häufig bescheinigt hat, stand also in erster Linie ein waches *Interesse an der eigenen Zeit*. Dieser Tatsache müßte eine künftig zu schreibende Sachsmonographie Rechnung tragen und versuchen, sein Gesamtwerk, das sich nach außen hin oft als ein willkürliches und in seiner Vielfalt verwirrendes Nebeneinander inkommensurabler Inhalte darstellt, unter diesem einheitlichen Gesichtspunkt zu deuten. Dabei wäre es erforderlich, auch die verschiedenen *Darstellungstechniken*, deren Sachs sich bediente und die bislang nur getrennt voneinander untersucht worden sind (für die Satire sei vor allem auf Böckmann [49], für die Allegorese auf Henze [111] u. Theiß [119], für die Technik der Dramen auf Beck [135, 136] verwiesen), einer vergleichenden Analyse zu unterziehen und hinsichtlich ihrer Funktion zu bestimmen. Das Ergebnis derartiger Bemühungen dürfte freilich kaum in einer grundlegenden Um- bzw. Aufwertung der künstlerischen Qualitäten von Sachs' Dichtung bestehen, wohl aber in einem genaueren Verständnis der wichtigen und historisch notwendigen Rolle, die ihr im 16. Jh. bei der Errichtung und inneren Festigung der bürgerlich protestantischen Gesellschaft zufiel.

2. Die Prosadialoge

Nach seinen Angaben in der »Summa all meiner gedicht« (Nr 5986a) hat Sachs insgesamt sieben Prosadialoge verfaßt. Nur sechs davon sind erhalten, und zwar sind es außer den vier Reformationsdialogen von 1524 (Nr 83—86) der »Wünderliche dialogus und newe zeittung« von 1546 (Nr 2194) und der »Pasquillus von dem schlos zw Blassenburg« von 1554 (Nr 4415). Zusammen mit den Vorreden zu den einzelnen Bänden der MGG und SGG sowie der Folioausgabe sind sie die einzigen Zeugnisse Sachsscher Prosa, die wir besitzen.

Wie die Reformationsdialoge sind auch die beiden späteren

aktuellen zeitkritischen Inhalts. Der »Pasquillus« gehört zu Sachs' polemischen Dichtungen gegen den Markgrafen Albrecht, der »Wünderliche dialogus« dagegen, im Todesjahr Luthers geschrieben, handelt von der religiösen Zerrissenheit des Reiches, in dem dem Christentum von allen Seiten Haß und Verfolgung drohten. Er fand lange Zeit wenig Beachtung, Beare [91] bezeichnet ihn jedoch „as unique in the simplicity of its language and in its emotional intensity" (S. 199) und rechnet einige Passagen aus ihm zu den besten Proben deutscher Prosa (S. 208). Im übrigen hat sich die Forschung vorwiegend mit den vier Reformationsdialogen beschäftigt, einmal, weil sie inhaltlich von besonderem Interesse sind, zum anderen, weil sie zu den frühesten Prosadialogen gehören, die in deutscher Sprache geschrieben wurden.

Denn während Sachs in seinen zahlreichen gereimten Kampfgesprächen an eine Tradition anknüpfen konnte, die schon im 14. Jh. zur Blüte gelangt war, so war der Prosadialog erst durch die Humanisten in Deutschland eingeführt worden. Hutten hatte mit lateinischen Übersetzungen von Lukian den Anfang gemacht. Er verfaßte später auch eigene Dialoge, die er selbst ins Deutsche übertrug, und nicht zuletzt unter seinem Einfluß wurde der Dialog in der Reformationszeit dann zur wichtigen Waffe im Kampf gegen die alte Kirche. Die ersten Reformationsdialoge, u. a. der berühmte »Karsthans«, erschienen 1521, dann nahm die Produktion in rascher Folge zu und erreichte 1524 ihren Höhepunkt (s. die Tabelle bei Niemann [89], S. 84 ff.).

Sachs stand also, als er sich diese literarische Ausdrucksform zu eigen machte, auf der Höhe der Zeit, und seine Dialoge sind ein gutes Beispiel dafür, wie rasch und geschickt er sich in einer noch wenig erprobten Schreibart zurechtzufinden wußte. Sprachlich und inhaltlich nämlich werden sie übereinstimmend zu den besten und wirkungsvollsten gerechnet, die in jenen Jahren entstanden sind. Hervorgehoben wird allgemein die Lebendigkeit der Gesprächsführung – Rede und Gegenrede folgen meist rasch aufeinander, während andere Autoren den Sprechern oft langatmige Erklärungen in den Mund legten –, die Anschaulichkeit in der Charakterisierung der Dialogpartner, die Prägnanz des sprachlichen Ausdrucks und vor allem die Sachlichkeit der Argumentation.

Mit der *Technik* von Sachs' Dialogen haben sich vor allem EDERT [88] und WERNICKE [90] beschäftigt. Ebenso wie Niemann [89] stellt Edert sie in die Nähe des im 16. Jh. neu entstandenen Dramas und hebt die Unterschiede zum Kampfgespräch spätmal. Prägung hervor. Übereinstimmungen mit dem

Drama, dem Sachs sich unter humanistischem Einfluß gleichfalls schon früh zugewandt hatte, sieht er vor allem in der Aktualität des Inhalts und der Dynamik der Gesprächsführung gegeben, während die Kampfgespräche, in denen das allegorische Element vorherrscht, aufgrund ihrer vorwiegend belehrenden Funktion eher statischen Charakter besitzen. Insbesondere zwischen Dialog und Fsp. besteht nach Edert eine enge Beziehung, da Sachs in beiden Gattungen mit Vorliebe lebensechte, dem bürgerlichen Alltag entnommene Situationen und Personen geschildert habe. Dem ist jedoch entgegenzuhalten, daß zwar die Abhängigkeit vom Dialog für die Entstehung des Dramas im 16. Jh. durch Niemann [89] grundsätzlich gesichert ist, daß aber im Falle von Sachs die Dinge tatsächlich anders liegen. Denn umgekehrt weisen seine frühen Komödien und Fspp. gerade mit der Gattung des allegorischen Kampfgesprächs so viele Gemeinsamkeiten auf, daß eine genaue Abgrenzung häufig überhaupt nicht möglich ist. Die späteren Komödien und Fspp. aber, die Edert offenbar allein vor Augen hatte, stehen den Reformationsdialogen zeitlich so fern, daß eventuelle Gemeinsamkeiten keinesfalls entstehungsgeschichtlich begründet sein können. Eine innere Verwandtschaft zwischen beiden Gattungen existierte für Sachs also zweifellos nicht. Daher ist insgesamt eher Wernicke [90] recht zu geben, der im Gegensatz zu Edert den epischen Charakter der Sachsschen Dialoge hervorhob (S. 67).

3. Der Meistersang

Zu den allgemeinen Fragen der Entwicklung, Kunstform und Technik des Ms. wird auf Nagel [105] in Bd 12 dieser Reihe verwiesen.

a) Das Material

Obwohl mit dem Namen von Sachs, nicht zuletzt unter dem Einfluß der Wagneroper, heute vor allem die Vorstellung vom Meistersinger verknüpft ist und der Ms. wenigstens zahlenmäßig auch den weitaus größten Teil seiner Produktion ausmacht, hat ihm die Forschung bisher verhältnismäßig wenig Beachtung geschenkt. Der Grund dafür dürfte in der Tatsache zu suchen sein, daß es sich bei dem Ms., der gelehrten Kunstübung der Handwerker vornehmlich des 15. und 16. Jhs. um eine sehr spröde Materie handelt, die heute nur noch von literar- und kulturhistorischer Bedeutung ist.

Nur ein Teil der Mll. von Sachs liegt gedruckt vor. Etwa 1000 haben Goetze und Drescher in ihre Ausgabe der »Fabeln und Schwänke« aufgenommen, eine Reihe weiterer geistlicher und weltlicher Mll. findet man in den Auswahlausgaben von Goedeke, Arnold u. a., ein großer Teil aber vor allem der geistlichen Mll. ist noch unveröffentlicht und nur in Sachs' eigenen MGG sowie verschiedenen Sammelhss. überliefert (s. S. 11 f.). Ob jemals eine Gesamtausgabe zustande kommt, ist angesichts der großen Zahl des Vorhandenen äußerst zweifelhaft. Sinnvoll ist die Methode von Hankemeier Ellis und Sobel, die sich auf die kritische Edition einzelner Mll. beschränkten und durch sorgfältige Sacherklärungen und Kommentare einen guten Einblick in die Schaffensweise und künstlerische Eigenart von Sachs auf diesem Gebiet vermitteln. Weitere derartige Editionen wären wünschenswert.

Als Gesamtkomplex ist der Ms. von Sachs neben kurzen Erwähnungen in den Literaturgeschichten und den Darstellungen zur Geschichte des Ms. vor allem in den Monographien von Schweitzer [32] und Genée [34] verhältnismäßig ausführlich behandelt worden, auch die Untersuchungen zu den Quellen sowie zum Stil und Inhalt seiner Dichtungen haben ihn gelegentlich einbezogen, eine gründliche Analyse aber hat er erst 1956 durch die bisher einzige Spezialstudie von GEIGER [106] erfahren. Geiger geht im 1. Teil seiner Arbeit bezeichnenderweise vorwiegend statistisch vor und beschränkt sich im 2., literarhistorischen Teil auf die Untersuchung der in GD veröffentlichten Mll. Eine Gesamtdarstellung, die geistliche und weltliche Lieder gleicherweise berücksichtigte, existiert bislang nicht und bleibt eine noch zu leistende Aufgabe.

Nach der Zählung von Geiger [106], S. 97 (die allerdings entgegen dem allgemeinen Brauch auch die nichtmeistersingerischen Lieder einschließt) hat Sachs knapp 4400 Mll. verfaßt, von denen ca. 2050 geistlich-biblische und ca. 2300 weltliche Stoffe, darunter ca. 1000 Fabeln und Schwänke, behandeln. Damit ist Sachs nicht nur der weitaus produktivste Meistersinger, den wir kennen, sondern hat dem Ms. auch völlig neue Stoffgebiete erschlossen. Denn während seine Vorgänger vorwiegend oder ausschließlich religiöse und theologische Themen gestalteten, bilden die weltlichen Mll. bei ihm bereits die Mehrheit, und grundsätzlich hat er in ihnen dieselben Stoffe wie in seinen Sgg. behandelt (etwa 211 Mll. hat er nachträglich zu Sgg., 14 Sgg. nachträglich zu Mll. umgeschrieben, s. Geiger [106], S. 29). Dennoch wurde auch zur Zeit von Sachs noch der strenge Brauch beibehalten, daß für das offizielle „Schulsingen" nur religiöse Lieder zugelassen waren, während die weltlichen dem geselligen „Zechsingen„ vorbehalten blieben.

Eine künstlerische *Entwicklung* auf dem Gebiet des Ms. hat Geiger [106] bei Sachs nicht feststellen können, jedoch trat die Produktion von Mll. in seinen späteren Jahren deutlich zurück.

Denn hatte Sachs bis 1520 fast ausschließlich Mll. verfaßt und war bis 1556 die Zahl der neu entstehenden Mll. stets größer als die der Spruchdichtungen (das Jahr 1548 bildet mit nicht weniger als 417 Mll. den absoluten Höhepunkt), so schrieb er seit 1560 nur noch 1 oder 2, höchstens 4 Mll. jährlich (während umgekehrt die Produktion von Spruchdichtungen 1563 mit 220 ihren Höhepunkt erreichte) und verstummte ab 1566 als Meistersinger ganz (s. Geiger [106], S. 99).

Dieses auffallende Nachlassen des Interesses am Ms. findet seine Begründung z. T. darin, daß der Ms. aufgrund des Druckverbots stets nur eine interne Angelegenheit der Singschulen geblieben war, während Sachs' Bestrebungen in zunehmendem Maße auf Wirkung und Wirksamkeit in der Öffentlichkeit zielten; zugleich aber fiel seine Abwendung vom Ms. in etwa zusammen mit dessen beginnendem Verfall überhaupt. Denn obwohl gerade der Nürnberger Ms. durch Sachs noch einmal einen beträchtlichen Aufschwung erhielt, war doch im Großen gesehen sein Höhepunkt bereits überschritten, als er zu dichten begann, und Sachs selbst hat dadurch, daß er einen erheblichen Teil seiner Schaffenskraft anderen Dichtungsgattungen zuwandte, zu seinem Verfall nicht unwesentlich beigetragen.

b) Sachs' Stellung unter den Nürnberger Meistersingern

Obwohl er seine Grenzen also in mehrfacher Hinsicht sprengte, hat Sachs sich dennoch vor allem um den Nürnberger Ms. große Verdienste erworben und unter seinen Zunftgenossen eine bedeutende, allseits anerkannte Stellung eingenommen. Unter seiner Mitwirkung entstand der später in sein GR eingetragene Nürnberger »Schulzettel« von 1540, eine Sammlung von Richtlinien und Vorschriften, die bei der Abfassung von Mll. und der Abhaltung von Singschulen zu beachten waren (abgedruckt bei Genée [34], S. 408 ff.), und von 1555–1561 übte er die Tätigkeit eines Merkers aus und hat während dieser Zeit Protokolle über die Veranstaltung von Singschulen, die vorgetragenen Lieder, verteilten Preise usw. angefertigt, die uns in dem sog. Gemerkbüchlein überliefert sind (s. S. 12). Darüberhinaus hat er unter seinen Zunftgenossen offenbar sehr früh schon die Funktion eines Schlichters und Mahners ausgeübt, der vor Neid, Mißgunst und Eifersucht warnte und sich darum bemühte, den strengen sittlichen Grundsätzen, zu deren Pflege man den Ms. der Ursprungssage entsprechend einst ins Leben gerufen hatte, zum Sieg zu verhelfen (s. Genée [34], S. 248 ff.). Vor allem aber hat Sachs, abgesehen von der Erweiterung des Themenkreises durch die Hereinnahme weltlicher Stoffe, auch dem geistlichen Ms. eine ganz neue Richtung gewiesen. Er war es, der als erster den Ms. entschieden in den Dienst der Reformation stellte und ihm die Ausbreitung des neuen Glaubens durch Wort und Ton als wichtigste Aufgabe zuwies. In den Jahren 1526–1532 hat er dementsprechend fast ausschließlich Mll. biblisch religiösen Inhalts verfaßt und damit in erheblichem Maße dazu beigetragen, daß sich die reformatorischen Ideen auch in den Handwerkerkreisen durchsetzen konnten (s. Hampe [54]). Welche Autorität Sachs als Meistersinger unter seinen Zunftgenossen besaß und wie hoch man seine Kunst allgemein einschätzte, geht u. a. daraus hervor, daß man ihn Ende des 16. Jhs auf einer Nürnberger Meistersingertafel als 13. unter die 12 alten Meister einreihte (s. Stuhlfauth [48], S. 25 f.).

c) Künstlerische Bedeutung

Abgesehen von ihrem historischen Wert wird die künstlerische Qualität der Mll. von Sachs allgemein ziemlich gering eingeschätzt, obwohl es immer wieder Forscher gegeben hat, die sich, wie vor allem Goedecke (in der Einleitung zu Bd 1 seiner Auswahlausgabe), um ihre Aufwertung bemühten. Zweifellos bilden sie den Teil seiner Dichtung, der am stärksten zeitbedingt ist, unbeschadet der Tatsache, daß Sachs als der bedeutendste Vertreter dieser Kunstübung zu gelten hat. In seiner Sprach- und Verstechnik sowie in der Darbietung des Stoffes unterschied er sich nicht wesentlich von seinen Vorgängern und Zeitgenossen und stellte als Meistersinger im Grunde nur die vollkommene *Verkörperung eines überindividuellen Typus* dar (s. vor allem Nagel [104], S. 426). Der Hauptvorwurf, der in ästhetischer Hinsicht immer wieder gegen den Ms. erhoben wird, daß in ihm der Stimmigkeit der äußeren Form der Vorrang gegenüber dem Ausdrucks- und Sinngehalt der Sprache eingeräumt wurde, richtet sich daher grundsätzlich auch gegen ihn. Auch in seinen Mll. werden die Worte und Sätze vielfach in ein starres System von Regeln gezwängt, ist die Erfüllung der vorgegebenen Normen von Metrum und Reim zuweilen wichtiger als die künstlerische Durchformung, zeigt sich die Unfähigkeit oder Unmöglichkeit, die immer komplizierteren Strophenschemata sprachlich derart zu füllen, daß der Eindruck eines bruchlosen Ganzen entsteht. Dabei muß man allerdings berücksichtigen, daß die zahlreichen sprachlichen Härten, Tonbeugungen usw. im gesungenen Lied längst nicht so stark in Erscheinung treten, wie es die Lektüre der Texte vermuten läßt und wir stets einseitig urteilen, wenn wir diese ohne die dazugehörige Melodie betrachten.

Daß Verallgemeinerungen hier überhaupt problematisch sind und es unter den zahlreichen Mll. von Sachs durchaus einige gibt, für die diese negative Kritik keineswegs zutrifft, zeigt u. a. der Hinweis von Kochs [100], der das in der „Morgenweise" verfaßte Ml. »Es rüeft ein wachter faste« (Nr 64) als „eines der besten geistlichen Tagelieder" bezeichnet hat, „die wir besitzen" (S. 112).

Freilich hat auf der anderen Seite gerade das Mißverhältnis von sangbarer Form und „prosaischem" Inhalt, das in dieser Art und Weise in der Geschichte der deutschen Lyrik einzig dasteht und bei Sachs ebenso ausgeprägt ist wie im Ms. allgemein, immer wieder Befremden hervorgerufen und zu abwertender Kritik Anlaß gegeben. Tatsächlich gehört der Ms. in der Ausformung, die er im 15. und 16. Jh. erhalten hat, zum großen Teil überhaupt nicht zur Lyrik im eigentlichen Sinne, selbst wenn man den Rahmen so weit spannt, daß er die gegensätzlichsten Verwirklichungsmöglichkeiten der Gattung umfaßt, sondern ist im Prinzip nichts anderes als die Darbietung theologischer, moralisierender oder bloß erzählender Stoffe in strophisch gebundener Sprache, ohne daß die strophische Form einen echten Einfluß auf die Gestaltung des Inhalts besäße. Insofern steht er, worauf vor allem Nagel [103] hingewiesen hat, der gattungsmäßig schwer festlegbaren Spruchdichtung viel näher als dem Lied, eine Verwandtschaft, die gerade bei Sachs deutlich zutage tritt, hat er doch zahlreiche Mll. ohne nennenswerte Änderungen später zu Sgg. umarbeiten können (s. Geiger [106], S. 29 ff.). Was den Ms. auch bei Sachs gleichwohl von der Spruchdichtung trennte und woraus er seinen hohen Anspruch herleitete, war lediglich die selbstgewählte zweifache Bindung an die Norm, d. h. nicht nur an die ethische und religiöse, sondern gerade auch an die formale. In der Erfüllung dieser Normen, deren möglicher Gegensatz nicht empfunden wurde und die man grundsätzlich für erlernbar hielt, da es dabei gleicherweise auf die Beachtung äußerer Regeln wie auf echte christliche Gesinnung ankam, sahen die Meister ihre wichtigste künstlerische Leistung, in der Belehrung und Erziehung des Publikums ihre vornehmste Aufgabe.

Bei grundsätzlicher Anerkennung der Typusgebundenheit des Sachsschen Ms. hat Geiger [106] anhand eines Quellenvergleichs die dennoch vorhandenen *individuellen Züge* seiner Mll. – soweit es sich um die Fabeln und Schwänke handelt – herauszuarbeiten versucht und ist dabei zu dem Ergebnis gelangt, daß sich seine Mll. von denjenigen seiner Vorgänger oder Zeitgenossen gerade nicht durch stärkere lyrische Ausdruckskraft, sondern umgekehrt durch einen lebendigeren Erzählgehalt unterscheiden, wie er auch für seine Sgg. charakteristisch ist. Die „fast unbezwingbare Freude am Erzählen", die selbst in der strengen Form des Ms. zur Entfaltung drängte, hebt Geiger S. 197 als wichtigstes Merkmal hervor. Mit ihr verbunden ist das Streben nach Anschaulichkeit und realistischer Darstellung, nach Herausarbeitung von Spannungen, komischen Pointen usw., sowie nach Gestaltung wirklichkeitsnaher Charaktere – Tendenzen, die freilich immer wieder in Konflikt mit dem vorgegebenen Systemzwang geraten und daher in seinen Sgg. unmittelbarer zum Durchbruch gelangen konnten.

Gelegentlich aber kam die knappe, von vornherein beschränkte Form des Ml. auch dem Ausdrucksgehalt zugute, da sie Sachs' Neigung zur Weitschweifigkeit zügelte und ihn zur größeren Ökonomie in der Wortwahl zwang. So ist vor allem die Schlußmoral in den Mll. meist sehr viel kürzer gehalten als in den Sgg. und hat diesen gegenüber an Prägnanz und Ausdruckskraft gewonnen (Geiger [106], S. 181 ff.).

Insgesamt dürfte daher zutreffen, was Nagel [104] als wichtigste Erkenntnis der Geigerschen Untersuchung hervorgehoben hat, daß es sich bei den beiden „Hauptfaktoren", die Sachs' weltlichen Ms. bestimmen, nämlich der von „außen auferlegte(n), vorgegebene(n) Meistergesang-Form mit ihrer zwanghaften Wirkung auf Reimung, Wortwahl, Stil, Gliederung und sogar Dosierung des Stoffes" und dem „von innen ... wirkende(n) ... Erzähltrieb" eher um ein problematisches „Neben- und Gegeneinander" als um eine sinnvolle gegenseitige Ergänzung handelt (S. 434).

d) Die Töne

Nach Geiger [106], S. 85 ff., hat Sachs für seine Mll. insgesamt 301 verschiedene Töne verwendet. 13 davon hat er selbst erfunden.

Und zwar sind es in der Reihenfolge ihrer Entstehung, soweit Sachs selbst konkrete Angaben darüber gemacht hat, die „Silberweise", der „güldene Ton" (1513), die „überhohe Bergweise" (1516), die „Morgen-" oder „hohe Tagweise", die „Gesangsweise" (1518), der „kurze Ton" (1519), der „lange Ton" (1520), der „bewährte Ton", der „neue Ton" (1526) und der „überlange Ton" (1528). Diese 10 Töne sind in Sachs' eigener Handschrift in MG 2 u. MG 3 überliefert. Die übrigen drei Töne, der „klingende Ton", der „Rosenton" und die „Spruch-weise" sind mit den anderen zusammen nur im »Singebuch« seines Schülers Adam Puschmann erhalten. Die Angaben über ihre genaue Entstehungszeit gehen in der Forschung z. T. auseinander, jedoch hat Sachs gemäß der Aufstellung Geigers [106], S. 59 ff., den „klingenden Ton" zuerst in Nr 370, 1530, die „Spruchweise" in Nr 839, 1538, und den „Rosenton" in Nr 992, 1540, verwendet. In dem Ml. »Die 13 ver-wandelten frawen« (Nr 1884) hat er alle 13 Töne nacheinander be-nutzt (Beschreibung der Strophenformen bei Mey [95], S. 119 ff., Ab-druck der Melodien bei Münzer [97]).

Über den Komponisten Sachs hat bisher nur MÜNZER [96] gearbeitet, der ihn jedoch recht günstig beurteilt und als Musiker eine „respektable Persönlichkeit" genannt hat, dessen Töne z. T. eine „überraschende Kraft des Ausdrucks und der Linienfüh-rung" verraten (S. 32). Als sein „Meisterstück" (ebda) gilt der am frühesten entstandene Ton, die „Silberweise", die auch Na-gel [103] als ein Beispiel dafür anführt, „daß in den besten meistersingerischen Leistungen bereits eine Spürnis für die innere Zusammengehörigkeit von Melodie und Textgehalt wirksam war" (S. 92).

Auch für diese „Zusammengehörigkeit von Melodie und Textgehalt" bietet Geiger [106] interessantes Material. Anhand einer genauen Übersicht hat er S. 85 ff. nachgewiesen, daß Sachs 66 Töne nur für weltliche und 110 Töne nur für geistliche Stoffe verwendet und in einer ganzen Reihe weiterer Fälle einen bestimmten, geistlichen Stoffen vor-behaltenen Ton nur einmal, gleichsam versuchsweise, für ein anderes Stoffgebiet benutzt hat und umgekehrt.

Daraus geht klar hervor, daß Sachs bei der Mehrzahl der Töne eine enge Zusammengehörigkeit von Melodie und Thematik als gege-ben ansah und einen Mißgriff, d. h. die Verwendung für einen anderen Themenkreis, sobald er ihn als solchen erkannt hatte, nicht wieder-holte. Da Geiger sich jedoch mit der bloßen Feststellung dieses Fak-tums begnügt und die Melodien, soweit vorhanden, daraufhin nicht analysiert hat, ist es vorerst für eine Gesamtbeurteilung von geringem Nutzen (s. Nagel [104], S. 429). Erst wenn von musikhistorischer Seite eine Auswertung erfolgt ist, lassen sich allgemeine Schlußfolge-rungen ziehen.

Ein anderer Zusammenhang zwischen Ton und Text, auf den Geiger aufmerksam gemacht hat, bleibt dagegen völlig im Bereich des For-malen; so wenn Sachs, um nur zwei Beispiele aus zahlreichen ähnlich gearteten Fällen anzuführen, in der „Feuerweise" Wolf Buchners ein Lied über die »Verprent stat Saguntum« (Nr 1909) schrieb oder um-gekehrt die „Veilchen"-, „Lilien"- und »Rosenweise« für die drei Stro-phen des Ml. vom »Scheisent schüeknecht« (Nr 4269) verwandte (Gei-ger [106], S. 74 ff.). Derartiges ist im Ms. wiederholt anzutreffen als typisches Charakteristikum einer vorwiegend rational aufgefaßten und geübten Kunst, in der das Spiel mit häufig gar nicht nachvollziehbaren Sinnbezügen leicht in Selbstzweck ausarten konnte.

4. DIE LIEDER

Daß Sachs außerhalb der strengen Form des Ms. echter lyrischer Töne durchaus fähig war und gelegentlich sogar eigenem Erleben direkten sprachlichen Ausdruck zu geben wußte, zeigen die wenigen uns erhaltenen geistlichen und weltlichen Lieder, zu denen es bisher leider bis auf einen unzureichenden Aufsatz von Kopp [94] noch keine zusammenhängende Darstellung gibt. Zu diesen Liedern gehören u. a. die in der Frühzeit entstandenen Buhllieder (Nr 1–23), von denen nur Nr 2 erhalten ist, ferner die vornehmlich 1524 entstandenen Kirchenlieder und Psalmenbearbeitungen, einige historische Lieder, u. a. das Lied von der »Duerckisch pelagerung der stat Wien« im »Bruder-Veiten-Ton« (Nr 351), sowie eine Reihe von Hochzeits- und Frühlingsliedern, die nachträglich vor allem in MG 16 und SG 18 eingetragen wurden, deren genaue Entstehungszeit aber unsicher ist.

In der »Summa all meiner gedicht« (Nr 5986 a) hat Sachs die Gesamtzahl seiner Lieder mit 73 angegeben. Das Vorhandene hat Goetze in KG 22 u. 23 abgedruckt, die geistlichen Lieder sind außerdem zusammen mit einigen frühen geistlichen Mll. bei Wackernagel, die historischen Lieder zusammen mit einigen einschlägigen Sgg. bei Liliencron (s. im Literaturverzeichnis unter den Ausgaben) veröffentlicht worden. Ein weiteres, von Goetze übersehenes Lied aus den späten Jahren hat Kaufmann [21] S. 39 f. mitgeteilt. Zu seinen Buhlliedern hatte Sachs auch eigene Töne verfaßt, die jedoch ebenfalls verloren sind.

Vom Ms. unterscheiden sich vor allem die Kirchenlieder, bei denen es sich weithin um Kontrafakturen früherer weltlicher oder katholischer geistlicher Lieder handelt, grundsätzlich durch den viel einfacheren Strophenbau und die schlichte, oft volksliedhafte Sprache. Aber auch dort, wo Sachs sich komplizierterer Töne bediente, wie etwa im »Buhlscheidlied« (Nr 2), (das, wie offenbar die frühen Buhllieder überhaupt, in Text und Melodie den Einfluß der sog. „Hofweisen", d. h. der lyrischen Gebrauchskunst verrät, wie sie um 1500 an den Fürstenhöfen gepflegt wurde), kommt es nicht zu störenden Konflikten zwischen Sprache und Metrum, weil Sachs hier im Gegensatz zum Ms. nicht genötigt war, Stoffe letztlich epischen Charakters einer ihnen nicht gemäßen Form zu unterwerfen. In seinen erzählenden Liedern stand Sachs in der Tradition des historisch-balladesken Liedes, wie es sich im 14. und 15. Jh. herausgebildet hatte, seine Kirchenlieder und Psalmenbearbeitungen deuten, mitunter bis in den Wortlaut hinein, auf Luther als direktes Vorbild hin. Daß Sachs dem Volkslied nahe gestanden, direkt aus ihm geschöpft oder es seinerseits beeinflußt hat, wie u. a. das Frühlingslied »Mir liebt in grünem Mayen« (Nr 6101) vermuten läßt, ist von Kopp [94] bestritten worden, jedoch zweifellos zu Unrecht, wie Geiger [106] S. 14 betont hat. Persönlichen Ausdruckswillen, wie er in Sachs' Dichtung sonst kaum einmal anzutreffen ist, verraten vor allem das »Buhlscheidlied« (s. Beare [10], S. 59 f.), sowie die späte, von Kaufmann [21] veröffentlichte Altersklage. Von den geistlichen Kontrafakturen ist wohl die bekannteste die Umdichtung des Liedes »Wach auff, meins Hertzen ein schöne« (Nr 94), das in seiner weltlichen Fassung in mehreren zeitgenössischen Liederbüchern überliefert ist.

Zu dem Sachs lange Zeit fälschlicherweise zugeschriebenen Kirchenlied »Warum betrübst du dich, mein Herz« vgl. Goedeke [13], 2, S. 415. Ausgerechnet dieses Lied hatte 1765 Salomon Ranisch [25], den ersten Sachsbiographen, zu seiner Historisch-kritischen Lebensbeschreibung" angeregt.

Innerhalb des Gesamtwerkes von Sachs nehmen die Lieder nur einen bescheidenen Raum ein. Während die geistlichen aus aktuellem Anlaß entstanden sind, handelt es sich bei den weltlichen zum größten Teil um Gelegenheitsdichtungen, in denen Sachs, der sonst stets auf Belehrung und Unterweisung bedacht war, sich gestattete, auch einmal persönlichen Gefühlen oder Stimmungen Ausdruck zu geben; die meisten von ihnen schrieb er zudem, bevor er sich der strengen Kunst des Ms. zuwandte.

5. DIE SPRUCHDICHTUNG

Die Spruchdichtung von Sachs stellt eine nur schwer zu definierende, keineswegs einheitliche Gattung dar. In weiterem Sinne versteht man darunter sämtliche nichtstrophischen Versdichtungen einschließlich der Tragödien, Komödien und Fspp., im engeren Sinne alle in Reimpaaren verfaßten nichtdramatischen Stücke, zu denen der kurze Vierzeiler ebenso gehört wie das Gedicht von mehreren hundert Versen. In der Vorrede zu Fol. I hat Sachs seine Spruchdichtungen in „histori, kampffgesprech, gesprech, lobsprüch, klagred, comparacion, sprüch, fabel und schwenck" unterteilt (KG 1, S. 3). Diese Gliederung zeigt deutlich, daß wir es hier mit einer vorwiegend formalen Begriffsbestimmung zu tun haben, die die verschiedensten literarischen Ausdrucksformen – Betrachtung, Erörterung, Allegorese, Bericht, Erzählung usw. – einschließt und inhaltlich von der Bibel bis zum grobianischen Schwank den gleichen weitgespannten Stoffbereich umfaßt wie die Mll., noch ergänzt durch Zeitsatire, aktuelle politische Dichtung und Gelegenheitssprüche verschiedenster Art. Ebenso wie im Ms. konnte Sachs auch in der Spruchdichtung auf eine schon längst bestehende literarische Tradition zurückgreifen. Stammler hat ihn als den „letzte(n) in der Reihe der didaktisch-satirischen Epiker des Mittelalters" bezeichnet, der in der Nachfolge vornehmlich des Teichners und Kaufringers den „Spruch mit moralischer Nutzanwendung" noch einmal zum Leben erweckte (»Von der Mystik zum Barock«, [2] 1950, S. 216). Außer demjenigen, was man im Ma. im engeren Sinne darunter verstand, hat seine Spruchdichtung auch noch den ganzen sehr vielschichtigen Komplex der Kleinepik (wie Bîspel, Fabel, Schwank und Verserzählung) in sich aufgenommen und läßt sich daher im einzelnen auf ganz verschiedenartige literarische Vorbilder zurückführen, die jeweils eigenen Formgesetzen unterlagen und eine eigene Entwicklung durchgemacht haben. Inwieweit die Einflüsse, die von diesen Vorbildern auf Sachs ausgingen, lediglich stofflicher Art waren oder sich darüberhinaus auch auf die innere Struktur der jeweiligen Spruchdichtungen ausgewirkt haben, ist von der Forschung bisher noch nicht untersucht worden. Dementsprechend ist man auch bei dem Versuch einer inneren Aufgliederung über erste Ansätze nicht hinausgekommen. Allgemein durchgesetzt hat sich das grobe Gliederungsschema, das Geiger [106] seiner Tabelle S. 96 f. zugrunde gelegt hat, nämlich die Einteilung in Kampfgespräche, Historien, Schwänke und Fabeln und geistliche und weltliche Sprüche, wobei letztere alles umfassen, was in den übrigen Rubriken nicht unterzubringen ist, u. a. die satirischen und zeitkritischen Sgg., die Lobsprüche auf verschiedene Städte und vor allem die zahlreichen biblischen Sgg., die nach 1560 den größten Teil der Spruchdichtung ausmachen, da Sachs in seinen späten Jahren u. a. den ganzen Psalter, die Sprüche Salomos und das Buch Jesus Sirach in Verse gebracht hat (s. Kaufmann [21], S. 26 ff.). Dieser in sich völlig inhomogene Komplex bleibt in der folgenden Übersicht unberücksichtigt.

Lediglich zu den Kampfgesprächen gibt es gründlichere formale Analysen, für die Fabeln und Schwänke existieren sie nur ansatzhaft, im übrigen aber war das Interesse der Forschung an Sachs' Spruchdichtung vorwiegend stofflicher Art. Denn abgesehen von den Arbeiten zur Motiv- und Quellengeschichte bietet sie das reichste, weil vielgestaltigste Material für die Untersuchung der religiösen, ethischen, politischen und sozialen Anschauungen von Sachs sowie für die kultur- und sittengeschichtliche Auswertung seiner Dichtung.

a) Die Kampfgespräche

Im Gegensatz zum Prosadialog geht das Kampf- oder Streitgespräch auf eine lange, seit der Antike nicht unterbrochene Tradition zurück.

Lateinische Streitgespräche gab es das ganze Ma. hindurch, in die deutsche Literatur fanden sie jedoch in größerem Umfang erst seit dem 14. Jh. Eingang, erlebten im 15. ihren Höhepunkt und wurden Anfang des 16. durch die moderne Form des Prosadialogs allmählich verdrängt.

Sachs stand also, als er auf das Kampfgespräch zurückgriff, noch weitgehend im Bann spätmal. Kunstanschauungen, und während er sich des Prosadialogs nur gelegentlich aus aktuellem Anlaß bediente, gehörte es zu den von ihm bevorzugten literarischen Ausdrucksformen; er war der „typische() Vertreter" dieser im Absterben begriffenen Gattung in jener Zeit überhaupt (Jantzen [108], S. 287). Das früheste, das »Kampff-gesprech von der lieb« (Nr 33), ist bereits 1515, das in Geigers [106] Tabelle letzte, das »Kampff-gesprech Xenophontis, des philosophi, mit fraw Tugendt und fraw Untugendt« (Nr 4964), 1556 entstanden. Jedoch sind streng genommen auch noch einige der späten Fspp. unter die Kampfgespräche zu rechnen, wie denn überhaupt eine eindeutige Abgrenzung gegen die dramatischen Formen kaum möglich ist. Der terminus „Kampff-gesprech", wie Sachs ihn verwandte, umfaßt längst nicht sämtliche Spruchdichtungen in Gesprächsform, die er geschrieben hat, häufig bediente er sich daneben auch der Bezeichnungen „gesprech", seltener „klagred" oder „klage" und gebrauchte mitunter auch den terminus „krieg", letzteren vor allem für die Behandlung entsprechender Themen in den Mll. (s. Jantzen [108]).

Ausgehend von den verschiedenen Typen des mal. Streitgesprächs hat Edert [88] daher S. 9 ff. versucht, auch für Sachs eine entsprechende Klassifizierung vorzunehmen, die sich mit Sachs' eigener Terminologie jedoch nicht immer deckt. Und zwar unterscheidet er: a) Das Kampfgespräch im engeren Sinne, in dem zwei meist allegorische Personen um den gegenseitigen Vorzug streiten und das stets mit dem Sieg bzw. der Niederlage der einen Partei endet – insgesamt verzeichnet Edert 20

solcher Kampfgespräche bei Sachs. b) Das Gespräch, das mehr unter-
weisenden Charakter hat und in dem in der Regel der Dichter selbst
stellvertretend für die zu unterweisende Menschheit den einen Part
übernimmt – hierher rechnet Edert u. a. Nr 2727 (s. S. 2). c) Das Lu-
cidargespräch, d. h. das Unterrichtsgespräch zwischen Lehrer und Schüler, das ausschließlich belehrende Funktion hat und im Ma. die ver-
breitetste Form des Streitgesprächs war – Sachs hat nach Edert insgesamt 14 solcher Lucidargespräche verfaßt, in denen es ihm jedoch
nicht mehr um Ausbreitung gelehrten Wissensstoffes, sondern ebenfalls
ausschließlich um moralische Belehrung zu tun war. d) Endlich nennt
Edert noch 10 Gespräche, in denen mehrere, wiederum meist allegorische Personen über ein allgemeines Thema sprechen und zu einer ge-
meinsamen Lösung eines Problems zu kommen versuchen – als wichtigstes Beispiel hierfür ist wohl Nr 1330 (s. S. 9) zu nennen.

Gemeinsam ist allen Sgg. in Gesprächsform in der Regel die
novellistische Einkleidung, die manchmal das einzige Unterscheidungsmerkmal gegenüber den Komödien und Fspp. bildet;
gelegentlich hat sich Sachs, statt die Personen direkt sprechen zu
lassen, auch der epischen Einführung durch ein vorangestelltes
„er sprach" usw. bedient. Auch in anderen Stücken, die nicht
unter die Rubrik „Gespräch" fallen, hat er übrigens gern und häu-
häufig vom Dialog Gebrauch gemacht; unmittelbarer Übergang
von der Erzählung in direkte Rede ist keineswegs selten.

Eine Aufgliederung nach *Stoffen* hat vor allem JANTZEN [108]
vorgenommen.

Unter ihnen sind einige traditionelle Themen vertreten wie der Streit
zwischen Sommer und Winter (Nr 850) oder Wasser und Wein (Nr
707); auch ein »Kampff-gesprech zwischen dem Tod unnd dem natürlichen Leben« (Nr 623) hat Sachs geschrieben, das aber in der christ-
lichen Sinngebung des Todes dem Jedermannstoff viel näher steht als
etwa dem »Ackermann aus Böhmen« und deutlich zeigt, wie sehr sich
die Problematik von Tod und Leben seit 1400 verschoben hatte. Einen
nicht unbedeutenden Raum nehmen die Kampfgespräche über Liebe
und Ehe ein (u. a. Nr 33 u 2727), ist dies doch ein Thema, das schon den
jungen Sachs beschäftigte und überhaupt im Zentrum seines Werkes
steht.

Die inhaltlich wichtigste und für Sachs charakteristischste
Gruppe stellen zweifellos die Gespräche dar, in denen jeweils
eine Tugend und ein Laster in allegorischer Personifikation zum
Kampf gegeneinander antreten, wie Hoffart und Demut (Nr
689), Tugend und Glück (Nr 800), „Frümbkeit" und „Schalck-
heit" (Nr 967), Wollust und Ehre (Nr 3143) u. a. An diesen
nämlich zeigt sich, daß Sachs sich in seinen Kampfgesprächen
trotz formaler Abhängigkeit von der spätmal. Tradition schon

weitgehend gelöst hatte. Denn der Streit zwischen Tugend und Laster wird stets vor einem Jüngling (in dem sich der Dichter selbst darstellte) ausgetragen, der im Traum oder einer Vision Zeuge des Gespräches wird, manchmal eingreift oder selbst angesprochen wird und beim Erwachen aus dem Für und Wider der vorgebrachten Argumente seine Schlußfolgerungen zieht. Der Mensch in der Freiheit der Entscheidung zwischen Gut und Böse, die kraft vernünftigen Abwägens und richtiger Einsicht getroffen wird – das ist also der eigentliche Inhalt der Kampfgespräche von Sachs. Dahinter aber steht zweifellos humanistischer Einfluß, denn das Thema von »Herkules am Scheidewege«, das für Sachs zweifellos das Modell abgab, ist gerade von den Humanisten mehrfach behandelt worden, weil sich ihre Überzeugung von der sittlichen Selbstverantwortung des Menschen darin aussprach.

Eine solche Entscheidungssituation herzustellen, ist jeweils der Sinn der epischen Rahmenhandlung, die stets die Begegnung des Dichters mit den allegorischen Gestalten im Traum oder während eines Spazierganges schildert (wobei Sachs nach Wolf [115] der erste war, der in diesem Zusammenhang über die gängigen Topoi hinaus realistische Naturbeschreibungen geliefert hat. Durch diese Konfrontation von streitenden Mächten und zur Entscheidung aufgerufenem Dichter war in den Kampfgesprächen in Ansätzen bereits eine dramatische Situation gegeben, durch die ihre Nähe zu den Sachsschen Dramen eine einleuchtende Erklärung findet.

Aufgrund dieser veränderten Funktion des Kampfgesprächs, das sich nicht mehr (wie weithin im späten Ma.) auf die einfache Konfrontation antithetischer Positionen beschränkte, sondern mittels dieser Konfrontation an die sittlichen Kräfte des Menschen appellieren wollte, erhielt auch die *Allegorese* in ihm eine neue Bedeutung. In der äußeren Beschreibung der Tugend- und Lasterpersonifikationen (s. dazu Henze [111]), die meist als Königinnen oder Göttinnen auftreten (wobei Sachs prinzipiell zwischen mythologischen Gestalten wie der „Fraw Pallas" oder „Venus" und allegorischen wie der „Fraw Warheit« usw. nicht unterschied), folgte er weitgehend noch den mal. Vorbildern, in der allegorischen Auslegung der den einzelnen Gestalten beigegebenen Attribute aber kam es ihm nicht mehr auf die Sichtbarmachung der bloßen Bedeutung, sondern auf die Aufdeckung der durch diese Attribute repräsentierten sittlichen Qualitäten, d. h. also statt auf Vermittlung von Erkenntnis auf die Aktivierung der Urteilsfähigkeit an. THEISS [119] hat für diese Art der Auslegung den terminus „exemplarische Allegorese" verwendet, die ausschließlich darauf abzielt, die Willensentscheidung im Leser vorzubereiten und ihr den richtigen Weg zu weisen (S. 12 ff. u. 175 ff.).

b) Die Historien

Neben den Fabeln und Schwänken tritt uns der Erzähler Sachs vor allem in seinen Historien entgegen. Geiger [106] führt in seiner Tabelle S. 96 f. insgesamt 268 solcher Historien auf, von denen die früheste, »Ein kleglich geschichte von zweyen liebhabenden« (Nr 32, nach dem »Decamerone"), schon 1515, die meisten jedoch erst in der späten Zeit, zwischen 1557 und 1563, entstanden sind. Inhaltlich stehen sie, abgesehen von den Mll., in enger Beziehung zu den Tragödien und Komödien und unterscheiden sich von den Schwänken nicht formal, sondern nur durch ihren ernsten, zuweilen tragischen Inhalt. Stofflich hat Sachs in ihnen einen großen Teil des seit der Antike überlieferten Erzählgutes verarbeitet, und zwar unter Einbeziehung auch der Geschichtsschreibung und der großen epischen Dichtungen, die er jeweils in Einzelepisoden aufgelöst hat. Alle Historien sind auf eine Länge von knapp 100 bis höchstens 500 Versen begrenzt und entsprechen damit in etwa dem Umfang der mal. Bîspelerzählung. Der Exempelcharakter tritt in den meisten Historien deutlich hervor. Sachs selbst hat sie in der Vorrede zu Fol. I definiert als „weltlich histori, auß den warhafftigen geschichtschreibern, auch auß den poeten zu eynem spiegel, der bösen fußstapffen zu fliehen unnd aber den guten nach zu folgen" (KG 1, S. 4); dementsprechend weist häufig ein einleitendes „Hört" oder dgl. auf die Bedeutung des Folgenden hin, während in einem „Beschluß" aus dem Dargebotenen die moralische Nutzanwendung gezogen wird.

Abgesehen von den Untersuchungen zu Metrik, Stoffgeschichte usw. hat sich die Forschung mit den Historien bisher nur wenig beschäftigt. Isenring [71] ist in seiner Untersuchung lediglich auf Sachs' Bestrebungen eingegangen, auch die tragischen oder pikanten Novellenstoffe Boccaccios ins Christlich-Moralische umzudeuten, was mitunter zwangsläufig zu Verfälschungen des ursprünglichen Aussagegehaltes führen mußte. Im übrigen läßt sich dasjenige, was Geiger [106] über den Erzählstil der weltlichen Mll. gesagt hat, zum großen Teil analog auch auf die Historien anwenden (s. S. 34 f.).

An einer gattungsmäßigen Einordnung und Abgrenzung fehlt es bisher völlig. Dabei wäre es interessant und wichtig, anhand einer Analyse von Aufbau und Erzähltechnik einmal der Frage nachzugehen, inwieweit wir es bei diesen Historien überhaupt mit einer eigenständigen, gegen die übrigen Spruchdichtungen abzugrenzenden Erzählform zu tun haben, inwieweit man sie als Weiterführung der mal. Versnovelle oder Bîspielerzählung auffassen kann oder ob sich umgekehrt der Einfluß der Renaissancenovellistik (d. h. vor allem Boccaccios) über das nur Stoffliche hinaus auch auf ihre Struktur ausgewirkt hat. Denn was die Kontinuität der mal. Erzähltradition, ihr Weiterleben im 16. Jh. und die mögliche Bedeutung insbesondere der italienischen Renaissancenovelle für die erzählende Literatur dieses Zeitraums betrifft, herrscht in der Forschung noch weitgehende Unklarheit, und der Versuch einer literarhistorischen Einordnung der Sachsschen Historien könnte vielleicht zur Aufhellung dieses Problems etwas beitragen. Auch eine Klassifizierung der Historien selbst wäre unter diesem Gesichtspunkt vorzunehmen, ähnlich wie dies für die Kampfgespräche geschehen ist; denn tatsächlich umfaßt dasjenige, was Sachs als „Historia" bezeichnet hat, keineswegs einen einheitlichen Komplex, befinden sich doch neben Stücken ausgesprochen novellistischen Inhalts, die freilich die Mehrzahl bilden, auch solche darunter, die rein beschreibender Art sind, wie etwa die »Historia von der wunderlichen begrebtnuß der Egypter« (Nr 4948).

c) Die Fabeln u. Schwänke

GD enthält mehr als 1000 Mll. und nur knapp 400 Sgg., darunter jeweils ca 130 bzw. 50 Fabeln. Die Mll. stehen also weitaus in der Überzahl. Daß die Fabeln und Schwänke als eigene Gruppe dennoch erst an dieser Stelle behandelt werden, hängt damit zusammen, daß der Ms. in der Forschung vor allem als Formproblem gesehen wurde und die formalen Fragen gegenüber den inhaltlichen in ihm den Vorrang besitzen.

Neben den Fspp. werden die Fabeln und Schwänke allgemein zu den besten Dichtungen von Sachs gerechnet, wenn auch erschöpfende inhaltliche und formale Analysen bisher fehlen (gegen seine Untersuchungen zum Fsp. [128] und vor allem zum Ms. [106] fällt Geigers Untersuchung zu den Fabeln und Schwänken [109] stark ab). Obwohl es sich in Wirklichkeit um Erzählformen verschiedenen Ursprungs handelt, hat man sie oft als Einheit betrachtet (vgl. GD u. die Arbeiten von Geiger [109] u. Zirn [112]), da Sachs selbst zwischen den termini nicht immer klar unterschieden hat und sie in ihrer Moral, der Wertschätzung von List und Gewitztheit als „Tugenden der Schwachen", tatsächlich innere Gemeinsamkeiten besitzen.

Daß insbesondere die *Fabel* die „Moral der Schwachen" propagiert, indem sie der Intelligenz gegenüber den spezifisch „aristokratischen" Tugenden wie Mut, Tapferkeit usw., den Vorzug einräumt, ist nach

44

Schirokauer [116] entstehungsgeschichtlich begründet (Aesop, der eigentliche Begründer der Fabel, war Sklave) und bietet zugleich die Erklärung dafür, daß sie vorwiegend in bürgerlichen Epochen gepflegt wurde, während ihr die aristokratischen Kulturen wenig oder gar kein Interesse entgegenbrachten. Dementsprechend hat die Fabel auch erst in der nachhöfischen Zeit in die mal. Literatur Eingang gefunden – Boners »Edelstein« von ca 1350 ist die erste größere, Steinhöwels um 1480 gedruckter »Aesop« die wichtigste Fabelsammlung in deutscher Sprache – und im bürgerlichen Zeitalter des 16. Jhs ihre größte Blüte erlebt. Luther, der selbst Fabeln gedichtet hat, maß ihrer pädagogischen Wirkung große Bedeutung bei, und in seiner Nachfolge sind im 16. Jh. neben Sachs vor allem Waldis und Erasmus Alberus als Fabeldichter hervorgetreten (vgl. dazu Leibfried [117]).

Das Bewußtsein, daß die Fabel im Kampf der „Schwachen" gegen die „Starken" ehemals eine wichtige Rolle spielte, war bei Sachs durchaus noch vorhanden, hat er doch in seinem letzten Fsp. (G 85) den Sklaven Aesop gefeiert, der sich kraft seiner geistigen Überlegenheit gegenüber seinem Herrn behaupten konnte. Dennoch hat sich bei ihm, wie bei den Fabeldichtern des 16. Jhs überhaupt, der Schwerpunkt der Moral etwas verschoben, insofern, als sie nicht mehr in erster Linie auf Absicherung gegenüber einer gefährlichen oder feindlichen Umwelt, sondern auf positive Bewältigung der täglichen Lebensaufgaben abzielt.

So hat er die Fabel von der Ameise und der Grille, in der Selbstbescheidung und Fleiß anstelle des sorglosen Müßiggangs gepriesen werden, in Abwandlungen nicht weniger als 6 x (GD I, 145; II, 205, 300, 386; III, 64, 214) bearbeitet und damit gezeigt, auf welche Tugenden es ihm, der gesichert in einer etablierten bürgerlichen Gesellschaft lebte, in erster Linie ankam.

Als *Quellen* für die Fabeln von Sachs kommen nach Ricklinger [110] vor allem Steinhöwels »Aesop«, Pottensteins Übersetzung des »Speculum sapientiae« sowie Brant und Waldis in Frage. In den 3strophigen Mll. werden die beiden ersten Strophen in der Regel der Erzählung, die letzte der „Moral" vorbehalten, die Sgg. sind ihnen gegenüber meist durch größere Ausführlichkeit gekennzeichnet und ähnlich wie die Historien in der Regel in einen Erzählteil und einen moralisierenden „Beschluß" gegliedert. Gelegentlich aber wird die Lehre auch in einem sentenzartigen Spruch vorweggenommen. In der Schilderung der Tiere, in deren Tun und Treiben die Menschen sich wie in einem Spiegel erkennen sollten, hat er, wie Ricklinger [110] zeigt, auf allzu starke Vermenschlichung verzichtet und sich statt dessen um eine möglichst naturgetreue Darstellung bemüht. Die allegorische

Ausdeutung der verschiedenen Eigenschaften der Tiere, die im späten Ma. in Anlehnung an die »Physiologus«-Tradition noch eine gewisse Rolle spielte, fehlt in seinen Fabeln völlig.

Sachs hat sich ihrer jedoch in der »Wittembergisch nachtigall« (Nr 82) bedient, in der er, einem beliebten Brauch in den Kampfjahren der Reformation folgend, die einzelnen Luthergegner als Tiere darstellte.

Ähnlich wie die Fabeln werden auch die Sachsschen *Schwänke* von einer Lebensmoral beherrscht, die weniger an den allgemein-verbindlichen religiösen und sittlichen Normen orientiert als auf die konkreten Bedürfnisse des Alltags zugeschnitten ist. Sachs hat den Inhalt seiner Schwänke nur z. T. aus fremden Vorlagen (Boccaccios »Decamerone«, Paulis »Schimpf und Ernst«, »Volksbuch von Ulenspiegel« usw.) entlehnt und gerade hier viel aus eigener Erfahrung geschöpft, bzw. überkommene Motive zu einem neuen, selbständigen Ganzen umgeformt.

Ähnlich wie die Fabel ist auch der Schwank erst in die deutsche Literatur der nachhöfischen Epoche eingedrungen und hat in den großen Schwanksammlungen des 16. Jhs, von Paulis »Schimpf und Ernst« bis zu Kirchhofs »Wendunmuth«, seine weiteste Verbreitung gefunden. Der Stricker war der erste, der Schwänke in deutscher Sprache verfaßte, deren »Moral«, die „kündikeit mit vuoge", wie sie in der Geschichte »Der kluge Knecht« formuliert worden ist, Verwandtschaft mit der Fabel verrät (vgl. zu den verschiedenen Abgrenzungsversuchen Straßner [118]). Im späten Ma. verlagerte sich die Thematik der Schwänke in zunehmendem Maße auf das Gebiet des Sexuellen – das „Übertrumpfen", von Kuttner [114] als wichtigstes Spezifikum des Schwanks bezeichnet, dokumentierte sich hier vor allem in der geschlechtlichen Überlegenheit – und geriet damit in die Nähe des Fsp.

Auch bei Sachs besteht zwischen den Schwänken und Fspp. eine enge Beziehung, da er mehrfach den gleichen Stoff in ihnen behandelt hat (s. die Tabelle im Anhang von Cattanès [132]). Im Gegensatz zum späten Ma. spielt aber das Sexuelle bei ihm fast keine Rolle mehr, es sei denn, es diente dazu, vor den gefährlichen Folgen der „unkeusch" zu warnen. Statt dessen benutzte Sachs den Schwank, um die tausenderlei kleinen Schwächen der Menschen, die sich im täglichen Leben offenbaren, zu entlarven und sie, wenn möglich, durch Spott oder Gelächter zu heilen. Kein Stand oder Berufszweig, der in diesen Schwänken nicht einer Kritik unterzogen und in seiner Unzulänglichkeit dargestellt würde. Zirn [112] hat in seiner Untersuchung (die jedoch lediglich als Materialsammlung wertvoll ist) die einzelnen Themenkreise, nach Sachgruppen geordnet, aufgeführt. Dabei zeigt sich jedoch, daß es Sachs keineswegs in erster Linie um

Ständesatire zu tun war, indem er etwa den einen oder anderen Stand auf Kosten der anderen besonders scharf aufs Korn genommen hätte, sondern daß es ihm ganz allgemein um Aufdeckung der menschlichen Schwächen ging, die sich nur je nach Stellung, Beruf oder Tätigkeit in je verschiedener Weise offenbaren. Wo daher der dumme Bauer, buhlerische Pfaffe usw. auftreten, handelt es sich weithin nur um traditionelle Schwanktypen, in denen nicht ein bestimmter Stand angegriffen, sondern an denen etwas Allgemeinmenschliches exemplifiziert werden soll. Dementsprechend hat Sachs das Narrenthema Brants und Murners wiederholt in seinen Schwänken aufgegriffen (u. a. GD I, 5, 12, 45; II, 366, 374; III, 44, 68; IV, 338, 339, 495, 517; V, 794, 818), freilich ohne sich den Pessimismus Brants oder die satirische Schärfe Murners zu eigen zu machen. Denn das Menschenbild, das Sachs in diesen Schwänken entwirft, wenn man die vielen verschiedenen Einzelzüge zu einem Ganzen zusammensetzt, ist weder dasjenige des in seinen Erwartungen enttäuschten Idealisten, noch das grotesk verzerrte des Zynikers, sondern ist realistisch in dem Sinne, daß es neben den Mängeln auch den Vorzügen Gerechtigkeit widerfahren läßt.

Daher sind die *Typen,* die in Sachs' Schwänken auftreten, keineswegs auf eine einzige Eigenschaft oder Verhaltensweise festgelegt, sondern können je nachdem einmal den positiven oder den negativen Part übernehmen. Das gilt vor allem für die zahlreichen Schwänke zum Thema Ehe, in denen der zänkischen, herrschsüchtigen Frau nicht selten auch der faule, liederliche Mann gegenübergestellt wird. So hat Sachs neben den »Neunerley hewt eines poesen weibs« (GD I, 54) auch die »Neun Lesterlichen Stück, die einem Mann ubel anstehnd« (GD II, 340) beschrieben und in dem Schwank »Das pitter sües elich leben« (GD I, 70) das Wesen der Ehe anhand einer Aneinanderreihung von lauter Antithesen darzustellen versucht, als Beweis für die Behauptung, daß überall der „hönig ist vermüscht mit gallen" (Z. 142). Sachs' Sprachkunst hat in diesem Schwank übrigens eine künstlerische Höhe erreicht, wie sie in seinem Werk sonst nur selten anzutreffen ist. – Auch die in den Schwänken häufiger vorkommende *Vermenschlichung des Teufels* (u. a. GD I, 160, 177, 197; III, 184; IV, 269, 542; V, 600, 649, 731; VI, 954) und der Heiligen in der Gestalt des Apostels *Petrus* (u. a. GD I, 159; IV, 322, 326; V, 719, 796; VI, 971) ist in diesem Licht zu sehen. Zwar ist in ihr ein gut Teil Kritik am gängigen Volksaberglauben und einzelnen Berufsgruppen oder Verhaltensweisen enthalten, darüberhinaus aber ist sie als Versuch zu werten, den Blick des Lesers auf die Tatsache zu lenken, daß das absolut Gute wie das absolut Böse im Bereich des menschlichen Zusammenlebens nur selten in Erscheinung tritt und jeder daher auf die Nachsicht des anderen angewiesen ist (zu Sachs' Stellung zum Aberglauben vgl. – mit speziellem Bezug auf die

Fspp., die gerade auf diesem Gebiet mit den Schwänken große Ähnlichkeit haben – die Arbeit von Schulz [149]. Daß Sachs im übrigen mit der spezifisch lutherischen Teufelsvorstellung wohl vertraut war, belegt Conrad [113] mit zahlreichen Beispielen vor allem aus Sachs biblischen und religiösen Dichtungen.

Zu der streng moralistischen Tendenz seiner Dramen steht diese Einstellung insofern nicht im Widerspruch, als Sachs in seinen Schwänken (ebenso wie in den Fspp.) nicht von absoluten Wertkategorien ausging, sondern sich, der andersgearteten Darstellungsebene entsprechend, auf die Propagierung bestimmter „sozialer Tugenden« wie Nachsicht, gegenseitige Rücksichtnahme, Wahrung von Frieden und Eintracht usw. beschränkte, die unbeschadet der Gültigkeit jener absoluten Werte ein Zusammenleben der Menschen konkret überhaupt erst ermöglichen.

Ebenso wie die Historien bilden auch die Schwänke von Sachs keine völlig homogene Gruppe. Auch hier stehen handlungsreiche Stücke mit kunstvoll herausgearbeiteter Pointe neben solchen rein beschreibenden oder aufzählenden Inhalts wie »Die 18 schön eyner junckfrawen« (GD I, 1) oder das oft gerühmte Sg. vom »Schlauraffen Landt« (GD I, 4), und während in einigen, allerdings wenigen Schwänken die Moral völlig fehlt, erscheint sie in anderen auf Kosten der komischen Wirkung über Gebühr ausgedehnt. Analysen zum Aufbau und zur Erzählstruktur fehlen bislang fast ganz (Kuttners [114] Arbeit, obwohl in diesem Zusammenhang von grundsätzlicher Bedeutung, bezieht Sachs nicht ausdrücklich mit ein); auch hat man Sachs' Schwänke bisher viel zu isoliert betrachtet, ohne ihren Stellenwert in der Geschichte der Schwankdichtung zu berücksichtigen. Dennoch läßt sich, was die Zielsetzung betrifft, die Sachs in ihnen verfolgte, allgemein wenigstens so viel sagen: Er versuchte in ihnen mittels vorsichtiger Kritik und gutmütigen Spotts den Menschen zu zeigen, wie sie in der sozialen Ordnung, in der sie sich vorfanden und die Sachs trotz manchen Vorbehalts für die einzig mögliche und richtige hielt, zurechtkommen und in gegenseitiger Eintracht leben könnten. Insofern haben seine Schwänke im Gegensatz zur Schwankdichtung anderer Epochen zweifellos eher bewahrenden als gesellschaftskritischen Charakter.

6. Die Komödien und Tragödien

(Das Meistersingerdrama)

a) Sachs und die Anfänge des deutschen Dramas im 16. Jh.

Während Sachs in den Sgg. und Mll. auf eine längst bestehende Tradition zurückgreifen konnte, betrat er mit seinen Komödien und Tragödien literarisches Neuland. Er war einer der ersten, der sich an dieser in Deutschland bis dahin kaum erprobten Gattung versuchte und hat zu ihrer Entwicklung einen durchaus selbständigen Beitrag geleistet.

Das deutsche Drama des 16. Jhs, das sich vom geistlichen Spiel des Ma. grundsätzlich unterscheidet, freilich auch mit dem späteren Barockdrama und der gleichzeitigen Bühnenkunst in Italien und Frankreich nur wenig gemeinsam hat, verdankte seine Entstehung im wesentlichen zwei zunächst unabhängig voneinander wirkenden Antriebskräften. Auf der einen Seite hatten sich die deutschen Humanisten unter italienischem Einfluß schon seit der Mitte des 15. Jhs um die Wiederbelebung des antiken Theaters bemüht und versucht, eigene Produktionen nach dem Muster der römischen Komödie zu schaffen; Reuchlins »Henno« von 1497 ist die erste gelungene Frucht dieser Bemühungen. Auf der anderen Seite erkannte der junge Protestantismus auf der Suche nach geeigneten künstlerischen Ausdrucksmöglichkeiten in dieser neu entdeckten Darbietungsform ein wirksames Instrument zur Propagierung seiner revolutionären Ideen und begann sich ihrer bald im Kampf gegen die alte Kirche zu bedienen, als erster Waldis in der »Parabell vam verlorn Szohn« von 1527. Zur Einheit verschmolzen humanistischer Formwille und protestantischer Ausdruckswille erst im Schuldrama der 30er Jahre, das sich unter dem Einfluß der neulateinischen Komödien der Niederländer Macropedius und Gnaphaeus herausbildete und bald eine entscheidende Rolle beim Aufbau der neuen protestantischen Lebensordnung spielte.

Sachs ist auf etwas anderem Wege als die übrigen deutschen Dramatiker zum Drama gekommen. Mit seiner Lucretiatragödie von 1527 (Nr 133) hat er neben Waldis das erste deutsche Drama geschaffen, das jedoch abseits vom Glaubensstreit einen durchaus neutralen Stoff behandelte. Ihm folgten 1530 die Virginiatragödie (Nr 413) und bis 1536 noch 12 Komödien, die fast ausschließlich auf antiken oder humanistischen Vorbildern beruhten.

So stützt sich Nr 372 auf eine Aristophanesbearbeitung von Chelidonius (s. Thon [123]), ebenfalls Aristophanes nachgedichtet ist Nr 423; 1531 hat Sachs, als erster, soviel wir wissen, Reuchlins »Henno« (Nr 422) übertragen (von Holstein [122] sehr gerühmt) und 1532 Motive aus Erasmus' »Stultitiae Laus« zu einer Komödie (Nr 543) verarbeitet. Fernerhin geht Nr 428 auf einen Lukiandialog und Nr 538 möglicherweise auf Locher zurück.

Damit aber war Sachs unter den deutschsprachigen Dichtern der einzige, der sich unter speziell humanistischem Einfluß dem Drama zugewandt bzw. versucht hat, die dramatischen Experimente Reuchlins, Celtis', Lochers usw. in der Volkssprache weiterzuführen. Macropedius, der vor allem den deutschen Schuldramatikern als Vorbild diente, lernte er erst kennen, als er 1549 dessen »Hecastus« übertrug (Nr 3121), und erst nach einer fast 10jährigen Pause, die nach 1536 in seinem dramatischen Schaffen eintrat, hat er sich, sicher nicht ohne den Einfluß der inzwischen entstandenen Schuldramatik, in größerem Umfang der Gestaltung biblischer, speziell alttestamentlicher Stoffe zugewandt, die das bevorzugte Stoffgebiet der deutschen Dramatiker im 16. Jh. waren. Keinesfalls also stellte das Meistersingerdrama, dessen Schöpfer und wichtigster Vertreter Sachs war, eine volkstümliche Spielart des humanistisch geprägten Schuldramas dar, sondern war zu Beginn seiner Entwicklung vom Humanismus viel direkter beeinflußt als dieses und hatte in seiner Blütezeit zwischen 1550 und 1560 wesentliche Charakteristika mit dem Schuldrama gemeinsam.

b) Gattungsprobleme und Stoffe

Nach Geigers [106] Tabelle S. 96 f. hat Sachs insgesamt 70 Komödien und 58 Tragödien geschrieben, wobei die weitaus meisten, fast 100, in der Zeit zwischen 1550 und 1560, der Blütezeit des Nürnberger Meistersingertheaters, entstanden sind.

Wer die einschlägigen Untersuchungen vergleicht, wird freilich häufig andere Zahlenangaben finden. Das liegt daran, daß Sachs selbst sich über die richtige Zuordnung nicht immer im klaren war und einige Spiele unter jeweils verschiedenen Bezeichnungen in seine SGG und das GR eingetragen, bzw. in Fol. veröffentlicht hat. Schwankungen kommen insbesondere vor zwischen den termini „Comedia", „Gesprech" und „Faßnacht-spiel" einerseits und „Comedia" und „Tragedia" andererseits. Vor allem unter den frühen Komödien gibt es verschiedene, die streng genommen zur Gattung Kampfgespräch gehören und gelegentlich von Sachs auch so genannt worden sind (u. a. Nr 518 u. 630). Ferner sind Nr 428, 3121, 3526, 5015, 5062 u. 5397 im GR unter der Rubrik „Tragedi" aufgeführt, werden aber in den SGG bzw. in Fol. als Komödien ausgegeben, und umgekehrt liegt der Fall bei Nr 2921, 5442 u. 5445 (s. KG 26, S. 36 ff.). Einigemale ist diese Unsicherheit sogar in die Titelgebung eingedrungen: Das Spiel »Die kintheit Christi« (Nr 5062) nennt Sachs in SG 11 „ain gaistliche comedi oder tragedi", und von dem Judithdrama (Nr 3526) heißt es im Prolog, es

sei „ein geistlich comedi/Doch schier vast gleich einer tragedi" (KG 6,
S. 56). Das Schwanken zwischen den termini „Comedia" u. „Gesprech"
liegt z. T. daran, daß bis ins 16. Jh. hinein Unklarheiten über den Spiel-
charakter der antiken Komödien bestanden und man vielfach annahm,
daß es sich um Rezitationen mit begleitender Pantomime gehandelt
habe (der Ausdruck „comoedias recitare", im 15. Jh. üblich, begegnet
auch noch bei Sachs, im übrigen sei auf S. 40 und zum Verhältnis von
Komödie und Fsp. auf S. 60 ff. verwiesen). Anders steht es mit der Unsicherheit in der Verwendung der termini „Comedia" und „Tragedia".
Man hat sie vielfach darauf zurückgeführt, daß Sachs von den Aufbau-
und Formgesetzen des Dramas nur eine schwache Vorstellung hatte und
daher vielfach schematisch verfuhr; in Wirklichkeit aber existierte ein
wesensmäßiger Unterschied zwischen Tragödie und Komödie für das
deutsche Drama des 16. Jhs allgemein nicht. Man bediente sich zwar
dieser termini entsprechend der Definitionen der mal. Schulpoetiken
(die jedoch keineswegs nur für dramatische Dichtungen galten, s. Dan-
tes »Divina Commedia«) je nachdem, ob die Handlung unglück-
lich, d. h. in der Regel mit dem Tod der Hauptperson endete oder
nicht, aber diese Unterscheidung blieb im Grunde zufällig, da die Gestaltung des „Tragischen" oder „Komischen" im eigentlichen Sinne dem
deutschen Drama des 16. Jhs grundsätzlich verschlossen blieb. Das
hängt in erster Linie mit seiner auch für Sachs geltenden streng religiösen Bindung und seiner vorwiegend pädagogischen Aufgabe zusammen.
Denn da seine wichtigste künstlerische Funktion darin bestand, propa-
gandistisch am Aufbau der neuen protestantischen Lebensordnung mit-
zuwirken und diese als gottgewollt darzustellen, konnte ein Versagen
oder Scheitern in ihm niemals „tragisch", sondern immer nur „schuld-
haft" sein, durfte umgekehrt eine Verfehlung, da sie eo ipso einer Auflehnung gegen Gott gleichkam, niemals in komischem Licht erscheinen,
d. h. als letztlich harmlos aufgefaßt werden.

Sachs war nicht nur der weitaus fruchtbarste Dramatiker des
16. Jhs, sondern zeigte auch in den von ihm dramatisierten
Stoffen die größte Mannigfaltigkeit. An erster Stelle stehen
auch bei ihm die biblischen, in der Mehrzahl alttestamentlichen
Dramen (ca 1/3), auch einige heilsgeschichtliche Dramen, vom
Fall Adams (Nr 2921), von der Kindheit und Passion Christi
(Nr 5062, 5162) und dem Jüngsten Gericht (Nr 5178) hat er
geschrieben. Was ihn aber von den übrigen deutschen Dramatikern des 16. Jhs unterscheidet, ist die Tatsache, daß fast 2/3 seiner Dramen weltliche Stoffe behandeln, d. h. Stoffe, die zwar
auch einer religiösen Interpretation und pädagogischen Zielsetzung unterworfen, aber doch nicht von vornherein biblisch
autorisiert waren. So war Sachs der erste, der die berühmten
Tragödienstoffe der Antike zu neuem Leben erweckte, freilich
ohne die griechischen Tragiker selbst zu kennen, da ihm als Vorlage für seine »Jocasta« (Nr 3289), »Clitimestra« (Nr 4260)

und »Alcestis« (Nr 4757) z. T. Boccaccios »De claris mulieri-
bus«, z. T. Ovidübersetzungen und andere Quellen gedient
haben (s. Abele [64] u. zur »Alcestis« Wiener [143]). Außerdem hat er neben den schon erwähnten Bearbeitungen von Lukian und Aristophanes sowie je einer Bearbeitung einer Terenz-
und Plautuskomödie (Nr 5895 u. 2578) in größerem Umfang
Stoffe aus der römischen und griechischen Geschichte, aus der
italienischen Novellistik und nicht zuletzt aus der deutschen
Sage dramatisch gestaltet, wie sich überhaupt im Gegensatz
zum Schuldrama bei ihm in späteren Jahren ein zunehmendes
Interesse am spannungsreichen Geschehen bemerkbar machte.

c) Aufbau und dramatische Technik

Mit der Frage der *Entwicklung* der Sachsschen Dramenkunst hat
sich ausführlich nur Wolff [45], S. 38 ff. beschäftigt. Und zwar unterscheidet er im wesentlichen drei Perioden, 1527–36, 1545–56 und 1556
bis 65. Während Sachs in seiner Frühzeit unter humanistischem Einfluß vorwiegend antikisierende Stoffe mit stark allegorischem Einschlag
gestaltete und sich formal von der Gattung des Kampfgesprächs noch
stark abhängig zeigte, bildete er in der 2. Periode die ihm eigentümliche
dramatische Technik voll aus. Nicht zuletzt wohl unter dem Einfluß
des inzwischen entstandenen Schuldramas baute er seine Stücke nach
klassischem Muster mit straff organisierter Handlung und behandelte
in ihnen vorwiegend biblische Stoffe unter lehrhaft moralisierendem
Aspekt. In der 3. Periode gewann dann das Interesse am Stoff die
Oberhand; die meist historischen Dramen wurden umfangreicher und
in ihrem Aufbau unübersichtlicher, während gleichzeitig das theatrali-
sche Element, die Gestaltung aktionsreicher, affektbetonter Szenen,
einen breiteren Raum einnahm. Wolff betont jedoch gleichzeitig, daß
es sich dabei nur um gradmäßige Unterschiede handelt und die Sachsschen Dramen im Großen gesehen hinsichtlich ihrer Anlage, ihres Aufbaus und ihrer Zielsetzung einen einheitlichen Komplex bilden.

Sachs war unter den deutschen Dramatikern des 16. Jhs der
erste, der sich der termini „actus" und „tragoedia" bediente (in
der »Lucretia« von 1527, Nr 133) und seinen Spielen ein *Per-
sonenregister* beifügte (bereits im 1. Fsp. von 1517, Nr 47), dessen Anordnung sich z. T. nach der Rangfolge, z. T. nach der
Reihenfolge der auftretenden Spieler richtete (Einzelheiten bei
Hugle [130]). Wie im 16. Jh. allgemein üblich, begannen und
endeten auch seine Dramen mit einem *Prolog* und *Epilog*, die bis
auf wenige Ausnahmen aus der frühen Zeit immer vom „Ehrnholdt", dem Theaterherold gesprochen wurden. Dabei enthielt
der Prolog außer der Begrüßung der Zuschauer in der Regel
das sog. „argumentum", d. h. Angaben über Anlaß, Zweck und
vor allem den Inhalt des Spiels. Derartige Inhaltsangaben feh-

len in den meisten früheren Stücken, sind später aber sehr ausführlich gehalten, wobei dann gelegentlich der Prolog auch die
Funktion der Exposition übernehmen konnte. Gelegentlich wurden auch dem „Ehrnholdt" kleine Rollen übertragen, was eine
engere Verknüpfung von Spielgeschehen und Rahmenteilen zur
Folge hatte. Auch in der Epilogtechnik läßt sich eine gewisse Entwicklung erkennen, denn enthielt er anfangs außer der Nen-
nung des Namens lediglich eine allgemeingehaltene Schlußbe-
trachtung, wurde später das Vorgeführte in ihm stets noch einmal Punkt für Punkt zu einer Reihe von Lehrsätzen und praktisch anwendbaren Lebensregeln zusammengefaßt (nur in einigen wenigen biblischen Dramen bediente sich Sachs auch der
allegorischen Auslegung, s. Theiß [119], S. 149 ff.).

Diese Rahmentechnik, die Sachs mit fast allen zeitgenössischen Dramatikern gemeinsam hat, stammt aus der römischen Komödie, erhielt
aber im 16. Jh. eine neue Funktion. Denn durch die Vorwegnahme
des Inhalts im Prolog nahm die Handlung, statt in erster Linie auf
Spannung berechnet zu sein, quasi den Charakter eines Modellfalls an,
an dem bestimmte Erkenntnisse exemplifiziert werden sollten, während durch den Epilog die Grenze zwischen Fiktion und Realität nachträglich aufgehoben und damit die Umsetzung der aus dem Spiel gewonnenen Erkenntnisse in moralische Aktivität als eigentlicher Auffüh-
rungszweck enthüllt wurde. Häufig auch erhielten einzelne Szenen
erst durch die moralische Ausdeutung im Epilog ihren sinnvollen Stellenwert innerhalb des Geschehens, und insbesondere bei Sachs wird dem
modernen Leser oft erst durch sie die in seinen Dramen so augenfällige
Diskrepanz zwischen Stoff und Gestaltung verständlich. Denn erst
nachdem man beispielsweise aus dem Epilog der Klytemnästratragödie
(Nr 4260) erfahren hat, daß der Mord an Agamemnon der weiblichen
Verführbarkeit zur Last gelegt wird, die, aus der Zucht des Ehemannes
entlassen, allzu leicht der „bulerey" erliegt, versteht man, daß Sachs'
Klytemnästragestalt jede Dämonie oder tragische Größe fehlen muß
und es einer gewissen inneren Logik nicht entbehrt, wenn sie durchgängig als bürgerliche Durchschnittsfrau gezeichnet ist.

Den terminus „scena" verwandte Sachs nicht, obwohl er ihm
aus seinen Vorlagen bekannt sein mußte, jedoch sind die einzelnen Auftritte durch Regieanweisungen sowie später durch die
Verwendung des Paarreims anstelle des Stichreims am Schluß
meist recht deutlich markiert, auch die Aktschlüsse hat er in den
späteren Dramen durchweg durch Dreireim gekennzeichnet
(s. Herrmann [74]). Die Zwischenchöre, die nach antikem Vorbild in kaum einem Humanistendrama fehlten, hat er gleichfalls
nicht übernommen. Auch in der *Anzahl der Akte* hat Sachs sich
nicht immer an die klassische Drei- oder Fünfzahl gehalten. In
der Frühzeit kommen gelegentlich einaktige, d. h. letztlich noch

ungegliederte Stücke vor, in der mittleren Periode dominieren dann zwar die Spiele mit 3 oder 5 Akten, aber daneben schrieb Sachs, und diese Beispiele häufen sich in den späteren Jahren, auch eine Reihe von Dramen mit 7, seltener mit 4 oder 6 und je einmal sogar mit 9 und 10 Akten (Nr 5062 u. 5162). Er ließ sich also, was ihm die Forschung immer wieder angekreidet hat, mitunter unbedenklich von den Erfordernissen des Stoffes leiten, statt umgekehrt den Stoff vorgegebenen Gliederungsprinzipien zu unterwerfen. Entsprechendes gilt für die *innere Gliederung,* d. h. die Aufteilung des Stoffes auf die einzelnen Akte, die ebenfalls häufig nicht den Erwartungen entspricht, die man an ein nach klassischem Vorbild gebautes Drama zu stellen gewohnt ist, da Aktgrenze und natürlicher Handlungseinschnitt nicht immer zusammenfallen.

So wird, um nur ein Beispiel zu nennen, in der Jocastatragödie (Nr 3289) die Grenze zwischen dem 2. u. 3. Akt zwischen die Übertragung des Auszugsbefehls an Ödipus und dessen Durchführung gelegt, während der 2. Akt die gesamte Zeitspanne zwischen der Auffindung des ausgesetzten Säuglings und seiner Ernennung zum Feldherrn des Königs Atletes umfaßt. Eine derartige Aufteilung, für die sich weitere Belege in fast beliebiger Zahl anführen ließen, legt den Schluß nahe, daß Sachs sich der künstlerischen Funktion der Aktgliederung im Drama überhaupt nicht bewußt war, sondern diese lediglich nach äußeren Gesichtspunkten vornahm. Man muß sich jedoch grundsätzlich davor hüten, das Drama des 16. Jhs allzu selbstverständlich an Maßstäben zu messen, die aus anderen Literaturepochen stammen und von „Unfähigkeit" zu sprechen, wo es sich möglicherweise nur um die formalen Konsequenzen eines spezifischen, in seiner Eigenart nur noch nicht erfaßten künstlerischen Ausdruckswillens handelt. So hat jedenfalls Reckling [148] S. 45 ff. für das Isaakdrama (Nr 4243) von 1553 (nicht 1533!) nachgewiesen, daß der willkürlich anmutende Aufbau von der besonderen Zielsetzung her durchaus begründet ist, da Sachs den Stoff nach „moraltheologischen", nicht aber nach stoffimmanenten Gesichtspunkten gegliedert hat.

Auch sonst hat Sachs das *Zeitproblem* mitunter sehr eigenwillig behandelt. Während die im geistlichen Spiel des Ma. allgemein übliche Simultantechnik kaum mehr anzutreffen ist, sind äußerste Zeitraffung und große Zeitsprünge selbst innerhalb einer Szene keineswegs selten.

Das auffallendste Beispiel ist eine Stelle aus dem 3. Akt der »Griselda« (Nr 1965): Nachdem der Graf eben den Befehl zur Tötung seines neugeborenen Kindes gegeben hatte, wird er unmittelbar darauf mit der Nachricht überrascht: „Ach gnediger herr ausserkorn,/die fürstin hat (wieder) ein sun geborn" (KG 2, S. 54), ohne daß die de facto beträchtliche Zeitspanne zwischen Befehl und Botschaft etwa durch ein kurzes Abtreten des Grafen auch nur angedeutet würde. Im Gegensatz dazu wird ein Ortswechsel stets dadurch markiert, daß sämtliche Spieler die Bühne verlassen.

Wird man einige dieser Zeitsprünge auch tatsächlich nur als „Entgleisung" auffassen können, so ist doch auch hier grundsätzlich Vorsicht bei der Beurteilung geboten, da es im Drama des 16. Jhs eben nicht in erster Linie auf die Plausibilität der Handlung, sondern weit stärker auf den durch sie zu vermittelnden Erkenntnisgehalt ankam, den es mit allen zur Verfügung stehenden Mitteln herauszuarbeiten galt. Zu diesen Mitteln aber gehörten bei Sachs neben dem moralisierenden Epilog vor allem die Zeitraffung, d. h. die Zusammendrängung der Handlung auf die für die lehrhafte Ausdeutung entscheidenden Punkte, sowie umgekehrt oft auch die Zeitdehnung, d. h., das breite Ausspielen reflektierender Passagen, die zum Fortgang der Handlung nichts beitrugen.

In letzterem Zusammenhang sind vor allem die sog. *„Trabanten-szenen"* zu nennen, die von der Frühzeit abgesehen in fast allen Dramen von Sachs eine Rolle spielen. Dabei handelt es sich um eingeschaltete Gespräche eigens zu diesem Zweck erfundener Knechte oder Höflinge, die ausschließlich dazu dienten, das eben vorgeführte Geschehen unter moralischen Gesichtspunkten für die Zuschauer zu kommentieren (darüber ausführlich Beck [135]).

Immerhin sind derartige reflektierende Passagen in den zeitgenössischen Schuldramen weit häufiger, und Sachs' Dramen unterscheiden sich von ihnen in der Regel durch ihre auffallende Kürze (eine ganze Reihe von ihnen, so u. a. auch die Jocasta, Nr 3289, u. Clitimestra, Nr 4260, bleibt noch unter 1000 Versen), die angesichts der Stoffmassen, die er bewältigte, zuweilen geradezu den Eindruck des Lakonismus hervorruft.

d) Personengestaltung

Dem betont lehrhaften Charakter seiner Dramen entsprechend kannte Sachs so wenig wie irgend ein anderer Dramatiker seiner Zeit eine individuelle Personengestaltung. Die Personen, die in seinen Stücken auftreten, ganz gleich, ob es sich um antike Heroen, mal. Helden oder Gestalten aus der Bibel handelt, sind stets auf nur wenige typische Eigenschaften und eine einzige Verhaltensweise festgelegt, machen im Verlauf des Geschehens keinerlei Entwicklung durch und sind weder Gewissenskonflikten noch inneren Schwankungen angesichts der von ihnen zu treffenden Entscheidungen ausgesetzt. Es handelt sich also durchweg um statische Charaktere, die nicht individuell, sondern normativ reagieren, eine von vornherein festgelegte Rolle spielen und dementsprechend streng in Gute und Böse geschieden sind.

Der Typus des bekehrten Sünders, der auch in Sachs' Dramen gelegentlich anzutreffen ist, bildet insofern keine Ausnahme, als er niemals im Zustand des Zweifels oder der Unsicherheit dargestellt wird, sondern den Übergang von den „Bösen" zu den „Guten" in der Regel ebenso plötzlich wie bedingungslos vollzieht.

Daß Sachs dabei seine eng gefaßten bürgerlichen Moralvorstellungen unterschiedslos auf sämtliche Stoffe übertrug und dadurch mit ihrem tatsächlichen Aussagegehalt häufig in Konflikt geriet, wurde schon angedeutet (s. S. 26 f.). So stellt er etwa den Gattenmord Klytemnästras (Nr 4260) nur als Folge ihrer viel schwerer wiegenden ehelichen Untreue dar, wertet umgekehrt die beispiellose Opferwilligkeit der Griselda (Nr 1965) als einfachen Akt des Gehorsams, den zu leisten jede Ehefrau ihrem Manne schuldig ist und läßt Judith (Nr 3526) die als gut und nützlich erkannte Tötung des Holofernes wie eine selbstverständliche „Alltagsarbeit" (Beck [135], S. 61 f.) verrichten. Auf diese Weise haben Rolle und Rollenträger häufig kaum etwas miteinander zu tun, d. h. die Personen sind auf ihre bloße Handlungsfunktion reduziert und verhalten sich ihrem eigenen Tun gegenüber indifferent. Das Ergebnis einer derartigen Personengestaltung ist das Fehlen eigentlicher dramatischer Konflikte, ist das Fehlen auch eines auf Herausarbeitung dieser Konflikte berechneten dramatischen Aufbaus sowie eine eigentümliche Spannungslosigkeit, die zu der tatsächlichen Geschehnisfülle mitunter in merkwürdigem Widerspruch steht.

Mit gewissem Recht hat Kindermann [141] S. 280 daher geltend gemacht, daß wir es bei Sachs' Dramen im Grunde mit einer „epischen Dramatik" zu tun haben, in der „Begebenheit nach Begebenheit ... in epischer Sukzession" abrollt, ohne daß sich Höhepunkte, plötzliche Umschwünge usw. herauskristallisieren ließen. Keineswegs unbeabsichtigt spielte Kindermann damit auf das epische Theater Brechts an, ohne freilich zu erwägen, ob nicht, bei aller gebotenen Vorsicht, auch in Zielsetzung und lehrhaft pädagogischer Funktion grundsätzliche Vergleichsmöglichkeiten, wenn auch unter umgekehrten Vorzeichen, gegeben sind.

e) Forschung u. Forschungsaufgaben

Damit ist bereits eine der wichtigsten Aufgaben angedeutet, die auf diesem Gebiet noch zu leisten sind. Denn aufgrund der aufgezählten Charakteristika ist die künstlerische Qualität der Sachsschen Dramen bisher fast ausschließlich negativ bewertet worden; von Gervinus – „bei weitem die unerfreulichste und geringste" Seite seines Schaffens (»Geschichte der deutschen Dichtung«, 2, [4] 1853, S. 426) – bis Kindermann [141] – „von der Eigengesetzlichkeit des Dramatischen hat Hans Sachs kaum eine Vorstellung" (S. 280) – lauten die Urteile im wesentlichen gleich. Die Vorwürfe jedoch, die gegen ihn erhoben werden, richten sich ebenso auch gegen die übrigen deutschen Dramatiker dieser Epoche und sind zum großen Teil darin begründet, daß man das Drama des 16. Jhs bisher fast ausnahmslos am Dramentypus der französischen oder deutschen Klassik gemessen hat, statt zu versuchen, es von seiner spezifisch pädagogischen Funktion und religiös moralischen Zielsetzung her zu begreifen. Obwohl es zum Drama des 16. Jhs zahlreiche Untersuchungen gibt, von denen die meisten Sachs einbeziehen, sind derartige Versuche bisher kaum unternommen worden; statt dessen hat sich die Forschung weitgehend auf die Sichtung des vorhandenen Materials, die Darstellung der Stoffgeschichte und die Beschreibung der äußeren Techniken beschränkt.

Weiterführende Ansätze finden sich eigentlich nur bei Ziegler, Wagemann und schon früher bei Beck. ZIEGLER [147] hat in seiner zwangsläufig nur kurzgefaßten Darstellung den Verzicht auf individuelle Personengestaltung und dramatische Konflikte im Drama des 16. Jhs dadurch zu erklären versucht, daß der Welt als dem Austragsort menschlicher Kämpfe und Entscheidungen in jener Zeit noch keineswegs volle Autonomie zugestanden und dementsprechend auch der Mensch noch vorwiegend als „Schnittpunkt außer- und überpersönlicher Seinsgewalten und Daseinsordnungen", d. h. als „Di-viduum" statt als Individuum aufgefaßt wurde (Sp. 2041), wie aus der „starren Eindeutigkeit" des „Willens und Wesens" aller dramatischen Figuren aus dieser Epoche deutlich werde (Sp. 2042). Ähnliche Thesen hat auch WAGEMANN [142] in seiner umfangreichen Arbeit vertreten und anhand nahezu des gesamten zur Verfügung stehenden Materials zu beweisen versucht. Neben diesem geistesgeschichtlichen steht der ästhetische Ansatz BECKS [135, 136], der von der Frage ausging, ob es sich bei den vielgerügten „Mängeln" des Dramas im 16. Jh. nicht in Wirklichkeit um die natürlichen Konsequenzen eines spezifischen Form- und Ausdruckswillens gehandelt habe. Beck fand die positive Antwort darauf, indem er das deutsche Drama des 16. Jhs als „Genrekunst" klassifizierte, die darauf berechnet war, anhand eigens darauf zugeschnittener Modellfälle ein bürgerliches Publikum in den für die bürgerliche Gesellschaft gültigen Verhaltensnormen zu unterweisen. Obwohl Beck den aus der niederländischen Malerei übernommenen Genrebegriff durch seine Ausweitung auch auf den Bereich von Ethik und Religion zweifellos überdehnt hat, hat er dennoch mit seiner Hilfe jenen „Mängeln" ihren sinnvollen Stellenwert in den Dramen des 16. Jhs zuweisen können und damit eine Richtung aufgezeigt, in der die Forschung weiterarbeiten sollte. Darüberhinaus aber wäre für Sachs noch zu prüfen, inwieweit er durch sein vor allem in den späteren Dramen sichtbar werdendes Interesse am außergewöhnlichen Geschehen, das sich seiner moralischen Zielsetzung keineswegs immer ganz unterwerfen ließ, nicht tatsächlich schon in Ansätzen die strenge Zweckgebundenheit des Dramas des 16. Jhs gesprengt und den Weg zu der Bühnenkunst gewiesen hat, die erst die englischen Komödianten in Deutschland populär gemacht haben. Das ist eine Frage, die sich vor allem angesichts der theatralischen Darbietungsform seiner Dramen stellt.

f) Die Bühne

Merkwürdigerweise hat sich die Forschung mit dem Problem der theatralischen Darbietungsform der Sachsschen Dramen intensiver beschäftigt als mit diesen selbst, obwohl aufgrund des Fehlens zuverlässiger zeitgenössischer Überlieferungen die Rekonstruktionsversuche der Sachs-Bühne, soweit sie Einzelheiten betreffen, weithin Spekulation geblieben sind.

Berühmt geworden ist vor allem der *Streit zwischen Köster* [158/60] *und Herrmann* [155/57], der von Holl [164] eingehend referiert worden ist. Dieser mit ebensoviel philologischem Scharfsinn wie Erbitterung geführte Streit drehte sich im wesentlichen um die Frage, ob die Bühne für die Aufführungen der Meistersingerdramen, die in der säkularisierten Marthakirche stattfanden, im Chorraum (H) oder in der Mitte des Kirchenschiffes (K) errichtet war bzw. welche Breite und wieviel Auftrittsmöglichkeiten sie besaß. Obwohl eine Einigung nicht erzielt werden konnte, geht die herrschende Meinung heute dahin, daß Herrmann zumindest hinsichtlich des Aufführungsortes recht behalten hat, da sich der Chorraum dafür am ehesten anbot und nur in diesem Fall in der Kirche Platz genug für die Zuschauer war, an deren zahlreichem Erscheinen die für Entgelt spielenden Meister interessiert sein mußten.

Im Großen Ganzen dürfte sich die Sachs-Bühne jedoch nicht wesentlich von den Bühnenformen des zeitgenössischen Schultheaters unterschieden haben. Und zwar hat man sich unter ihr, ohne auf die umstrittenen Einzelheiten hier eingehen zu können, ein erhöhtes, nach drei Seiten durch Vorhänge abgeschlossenes Podest vorzustellen, das in eine breite Vorderbühne und eine etwas schmalere Hinterbühne eingeteilt war und hinten sowie an beiden Seiten Auftrittsmöglichkeiten für die Spieler vorsah. Kulissen gab es ebensowenig wie einen eigentlichen (etwa durch das Herunterlassen eines vorderen Vorhanges angedeuteten) Szenenwechsel, es handelte sich also um eine sog. *Neutralbühne*, deren jeweilige Bedeutung sich aus der „gesprochenen Kulisse des Spielbuchtextes" (Kindermann [141], S. 285) ergab, wobei den Innenszenen vornehmlich die Hinterbühne vorbehalten blieb. Gegenüber der mal. Simultanbühne waren das Auf- und Abtreten der Schauspieler zwischen den einzelnen Szenen sowie die einseitige Öffnung gegen den Zuschauerraum, d. h. aber die Trennung von Spielwelt und Publikum und die Verselbständigung des Bühnengeschehens zu einer eigenen Spielwirklichkeit, die wichtigsten Unterscheidungsmerkmale; von der neuzeitlichen Sukzessionsbühne trennten sie vor allem die fehlenden Kulissen und der nach außen hin nicht markierte Szenenwechsel.

Wie bis zum Ende des 16. Jhs in Deutschland allgemein üblich, waren die Schauspieler sämtlich Laien, in diesem Falle Angehörige der Nürnberger Singschulen, die auch die Frauenrollen übernehmen mußten. Sachs' Ml. auf die »27 spil des schmidlein« (Nr 3520) zeigt jedoch, daß diesen Laienspielern z. T. Erhebliches an Darstellungskunst abverlangt wurde. Die seit 1551 bezeugten öffentlichen Aufführungen, auch die der ernsten Stücke, fanden gewöhnlich zwischen dem Dreikönigsfest und dem Beginn der Fastenzeit statt und bedurften der Genehmigung des Nürnberger Rates (s. Michels [153] u. Hampe [154]). Voher hatten vermutlich schon interne Aufführungen in den Singschulen stattgefunden (s. Ml. Nr 3484). Nach 1560 wurde Sachs' Bühnentätigkeit bis weit über seinen Tod hinaus von einigen seiner Schüler weitergeführt. Nach eigener Aussage (Vorr. zu Fol. II, KG 10, S. 6) hat Sachs auch einen großen Teil seiner Stücke „selb ... spielen helffen«.

Zum *Aufführungsstil* (Kostümierung usw.) vgl. vor allem die ausführliche Darstellung von Kindermann [141], S. 285 ff. Von dem des Schultheaters unterschied er sich durch stärkere Lebendigkeit und größeren technischen Aufwand. Jedenfalls finden sich in den Texten vor allem der späteren Stücke zahlreiche, z. T. recht detaillierte Regieanweisungen für Tonfall, Mimik und Gestik (u. a. für die Darstellung des Wahnsinns), und ebenso spielen vor allem in den antiken und historischen Dramen pantomimische Einlagen, Kampf- und Verwandlungsszenen usw., die mitunter einen erheblichen Apparat an Requisiten und technischen Einrichtungen verlangten, eine verhältnismäßig große Rolle. Das deutet darauf hin, daß Sachs in späteren Jahren der theatralischen Wirksamkeit zunehmendes Interesse entgegenbrachte, d. h. auch in der sonst streng stilisierten und einseitig auf Belehrung abzielenden deutschen Bühnenkunst des 16. Jhs zumindest Tendenzen zur illusionsschaffenden, auf Erschütterung berechneten Darstellung vorhanden waren, die zu Beginn des Barock unter dem Einfluß der englischen Komödianten dann eine völlig veränderte Struktur des Theaters zur Folge hatten. Inwieweit Sachs damit tatsächlich erst später sich durchsetzende Bestrebungen

vorweggenommen hat oder ob seine „Sonderstellung" einfach darauf beruht, daß wir für den Aufführungsstil des Schultheaters nur
indirekte Zeugnisse besitzen, bedürfte (vor allem im Hinblick auf
seinen Einfluß auf Ayrer) noch der Untersuchung. Fest steht
jedoch, daß seine Bedeutung für die deutsche Theatergeschichte
niemals bestritten worden ist, während die künstlerische Qualität seiner Dramen häufig harter Kritik unterworfen war.

7. Die Fastnachtspiele

Die Fspp. von Sachs hat Catholy [150] bereits in Bd 56 dieser
Reihe mit behandelt. Die folgende Darstellung bezieht sich darauf,
gelegentliche Überschneidungen sind jedoch nicht zu vermeiden.

Im Gegensatz zu den Komödien und Tragödien haben die
Fspp. in der Forschung stets starke Beachtung gefunden, und vor
allem die jüngeren Interpreten sind sich darüber einig, daß Sachs
auf diesem Gebiet sein Bestes geleistet hat und der unerreichte
Meister dieser Gattung ist. Ein Teil der Fspp. gehört zu den
wenigen seiner Dichtungen, die bis heute lebendig geblieben
sind.

Im GR hat Sachs 85 Fspp. aufgeführt. 4 davon, G 29, 33, 48 u. 55,
sind verloren; G 6, 7, 68, 84 u. 85 hat Sachs auch als „Comedia", G. 8,
14, 31, 44, 52, 67, 70, 71 u. 73 einfach als „Spil" bezeichnet, ohne daß
sich diese letzteren als einheitliche Gruppe gegen die übrigen abgrenzen
ließen (s. Wolff [45], S. 36 f.). Sachs hat sich am Fsp. schon früh versucht. G 2, „Das hoffgsint Veneris", Nr 47, ist 1517, G 1, »Von der
eygenschafft der lieb«, Nr 59, 1518 entstanden (vgl. Goetzes Anmerkungen zu Nr 47 u. 59 in KG 25). Danach folgte, bedingt durch das
Erlebnis der Reformation, eine längere Pause, erst 1531 trat er mit
einem weiteren hervor, die weitaus meisten aber sind zwischen 1550
u. 1554 entstanden.

Über die *Quellen* der Fspp. hat zuerst Stiefel [60] gearbeitet, Nachweise zu den einzelnen Titeln findet man in G, eine tabellarische Übersicht im Anhang bei Cattanès [132]. Gerade auf diesem Gebiet hat
Sachs jedoch vielfach aus Eigenem geschöpft; Cattanès nennt mehr als
30 Titel, für die die Quelle entweder zweifelhaft ist oder überhaupt
nicht existiert. Für die übrigen Spiele hat Sachs einiges aus der überlieferten Schwankliteratur, insbesondere Paulis »Schimpf und Ernst« und
dem »Volksbuch von Ulenspiegel« übernommen und für insgesamt
13 Fspp. den »Decamerone« als Vorlage benutzt.

a) Sachs' Verhältnis zur Fsp.-Tradition

Anders als im Falle der Komödien und Tragödien konnte Sachs
beim Fsp. auf eine vor allem in Nürnberg schon seit dem 15. Jh.

bestehende literarische Tradition zurückgreifen (s. Catholy [150]). Jedoch ging er inhaltlich und formal weit über das Fsp. herkömmlicher Prägung hinaus und hat quasi einen ganz neuartigen Typus geschaffen. Die *ältere Forschung* erblickte sein Hauptverdienst gegenüber seinen Vorgängern darin, daß er *auf inhaltlichem Gebiet* das Fsp. von dem überkommenen „Schmutz" und „Unflat" befreite und es in den Dienst der sittlichen Erziehung der Menschen stellte (s. vor allem Duflou [125]). Tatsächlich ist das Element des Obszönen, das das Fsp. des 15. Jhs weithin beherrschte, bei ihm völlig verschwunden, sprachliche und motivische Derbheiten, die gelegentlich auftauchen, beziehen sich dem Stil der Zeit entsprechend ausschließlich auf die fäkalische Sphäre, und bis auf wenige Ausnahmen sind sämtliche Spiele mit einer Schlußmoral versehen, mehrere besitzen sogar einen betont lehrhaft moralisierenden Charakter. Diese Moralisierung des Fsp. findet nach Catholy [151], S. 49, ihre natürliche Erklärung in der veränderten Bedeutung der Fastnacht, die durch den Sieg des Protestantismus ihre ursprüngliche Funktion eines Ventils für die sonst streng unterdrückte menschliche Triebhaftigkeit weitgehend eingebüßt hatte. Darüberhinaus ist sie im Zusammenhang zu sehen mit der pädagogischen Funktion des Theaters im 16. Jh. überhaupt, obwohl das Fsp. seinem stärker unterhaltenden Charakter entsprechend seinen Beitrag zur Erziehung der Menschen mit anderen Mitteln leistete als die Komödien und Tragödien.

Die meisten Interpreten betonen daher den *satirischen Charakter* der Sachsschen Fspp. Ähnlich wie bei den Schwänken (s. S. 46 f.) handelte es sich aber auch hier weniger um ausgesprochene Ständesatire, als um eine Satire auf allgemein menschliche Fehler und Schwächen, die lediglich an herkömmlichen Schwanktypen exemplifiziert wurden. Außerdem müßte einmal näher untersucht werden, inwieweit der an sich schon vieldeutige Begriff der Satire für Sachs' Fspp. tatsächlich zutrifft, denn fast alle Interpreten heben neben den satirischen zugleich die humoristischen Elemente hervor und lassen die Anwendbarkeit dieses Begriffes damit fraglich erscheinen.

Die *jüngere Forschung* sieht Sachs' wichtigste Neuerung gegenüber seinen Vorgängern vor allem *auf formalem Gebiet,* nämlich in der Umformung des offenen Reihenspiels in ein geschlossenes Handlungsspiel. Insbesondere CATHOLY [150] hat das im einzelnen aufgezeigt und zählt, weithin in Übereinstimmung mit Geiger [128], als wichtigste Gattungskriterien auf: Beschränkung auf einen Umfang von ca. 300–400 Versen und eine Zahl von 3–6 Spielern, einfachen linearen Ablauf eng begrenzter Ereignisse ohne besonderen szenischen Aufwand, sowie Gestaltung von Stoffen aus der Alltagswirklichkeit, sofern nicht durch die Fsp.-Tradition selbst schon die Möglichkeit zur Gestaltung allegorischer Themen gegeben war (S. 52). Lange vor ihm schon hatte Geiger [128] anhand eines genauen Quellenvergleiches gezeigt, daß Sachs, um dramatische Konzentration zu erzielen, an seinen Quellen z. T. erhebliche Änderungen vornahm, indem er die Personenzahl reduzierte, die Konflikte vereinfachte, die Aktionen der Spieler sorgfältiger begründete und das Geschehen selbst straffer auf den dramatischen Höhepunkt ausrichtete (vgl. für G 57 auch Catholy [151], S. 51 ff.).

b) Die Spielarten des Typus

Die angeführten Gattungsmerkmale gelten jedoch keineswegs für sämtliche Fspp. von Sachs, vielmehr folgt eine ganze Reihe von ihnen anderen Aufbaumustern und nähert sich entweder dem Typus Komödie oder dem Typus Kampfgespräch an, während einige noch den Einfluß der traditionellen Revuetechnik zeigen.

Cattanès [132] schloß aus dieser Tatsache, daß ein einheitlicher Typus Fsp. bei Sachs überhaupt nicht existiere und „la période à laquelle ou pour laquelle ces pièces ont été écrites" (S. 5), das einzige sei, was die verschiedenartigen Spiele gemeinsam hätten. Geiger [128] dagegen glaubte bei Sachs durchaus eine Entwicklung zum geschlossenen Handlungsspiel feststellen zu können und wertete die späteren handlungsarmen Stücke als Beweis dafür, daß Sachs von den Aufbaugesetzen eines Dramas theoretisch keine Kenntnis besaß, sondern lediglich aus „angeborene(m) dramatische(m) Empfinden" schuf, das ihn gelegentlich im Stich lassen konnte (S. 212 ff.). Auch Catholy [150] hat einige Spiele als nicht den Fspp. zugehörig ausgeklammert, und zwar G 3, das in Wirklichkeit zur Gruppe der Kampfgespräche gehöre, G 39, weil es eine ernste und verwickelte Handlung und eine hohe Personenzahl aufweist, und G 84 u. 85, weil Sachs sie selbst als Komödien bezeichnet und in 3 bzw. 5 Akte eingeteilt hat (S. 52). Für ihn gibt es also nur 77 echte Fspp. von Sachs (so auch schon in Geigers [106] Tabelle S. 96 f.). Abgesehen von G 3, das tatsächlich einen epischen Rahmen besitzt (vgl. KG 21, S. 377), ist dieser Ausgliederungsversuch jedoch nicht voll überzeugend. Denn auch G 75 ist in 3 Akte eingeteilt, G 70, »Der dot im stock«, hat einen ausgesprochen ernsten Inhalt, ja wird von Creizenach [127] S. 307 sogar als einzige tragische Dichtung von Sachs bezeichnet, und umgekehrt zeigen gerade G 84 u. 85 eine Eingangs- und Schlußtechnik, wie sie nach Catholy gerade für das Reihenspiel des 15. Jhs typisch war. Ebenso wie bei den Komödien und Tragödien zeigte Sachs also auch auf diesem Gebiet nicht nur eine gelegentliche Unsicherheit in der Terminologie, sondern verknüpfte mitunter auch Formelemente verschiedenster Art und Herkunft miteinander. Angesichts der allgemeinen Experimentierfreudigkeit auf dem Gebiet der dramatischen Dichtkunst im 16. Jh. darf man daher auch für den Geltungsbereich Fsp. die Grenzen nicht zu eng ziehen, darf vor allem keine konsequent verlaufende Entwicklung erwarten, sondern muß von vornherein mit einer gewissen Variationsbreite der Gattung rechnen. Daher empfiehlt es sich, statt von vornherein allgemeine Kriterien aufzustellen, nach den verschiedenen Verwirklichungsmöglichkeiten des Typus zu fragen, wie es vor allem Cattanès [132] S. 3 ff. getan hat.

Stofflich lassen sich die Fspp. von Sachs zunächst in zwei große Gruppen einteilen. Eine 1. Gruppe bilden die Spiele mit betont lehrhaftem Charakter, in denen allgemeine Fragen des rechten Verhaltens in der Welt abgehandelt werden, eine 2. die Spiele mit realistischem, zumeist schwankhaftem Inhalt. Jedem dieser Stoffkreise ist ein bestimmter Formtypus zugeordnet. Die Spiele der 1. Gruppe stehen formal in der Nähe des Kampfgesprächs und zeigen in ihrer Aufbautechnik zugleich gewisse Übereinstimmungen mit dem traditionellen Reihenspiel, während die der 2. dem Typus Handlungsspiel angehören und sich gelegentlich der Komödie annähern. Bei näherer Betrachtung läßt sich die 2. Gruppe noch einmal unterteilen in Spiele mit vorwiegend novellistischem Inhalt und dramatisch zugespitzter Handlung und solche, die „scènes de la vie quotidienne" zum Gegenstand haben (Cattanès [132], S. 6) und eher handlungsarm sind. Grenzfälle und Überschneidungen kommen relativ häufig vor, insgesamt aber sind die formalen Unterschiede zwischen den einzelnen Gruppen nach außen hin deutlich sichtbar.

c) Lehrhafte Spiele

Abgesehen von dem Sonderfall G 3 gehören zur 1. Gruppe in etwa G 1, 2, 5–9, 13–15, 17, 20, 24, 30, 44, 68, 71 und 78.

Es handelt sich also vorwiegend um Spiele der frühen Zeit – G 1 bis 17 sind vor 1545 entstanden –, jedoch hat Sachs auch später wiederholt auf diese Form zurückgegriffen. G 26, 31, 47 u. 50 stellen Grenzfälle dar, der Übergang vom Gespräch zum Handlungsspiel läßt sich an einem Vergleich von G 14, 31 u. 35, die sämtlich das gleiche Thema behandeln, gut verfolgen. Inhaltlich eng zusammen gehören vor allem G 1 u. 2 (Gefährlichkeit der „Venusliebe"), G 6, 8 u. 14 (Variationen über das Thema »Herkules am Scheidewege«) und G 9, 13, 15 u. 78 (Streit der Stände bzw. Berufe untereinander). In G 2, 8, 24, 30, 68 u. 78 treten allegorische oder mythologische Personen auf, in G 2, 8 u. 68 ist es der getreue Eckhard, der ebenso wie in einigen Sgg. eine Mahner- und Warnerrolle spielt. G 20 stellt insofern eine Ausnahme dar, als es das einzige nicht lehrhafte Reihenspiel ist, das Sachs verfaßt hat.

In der Behandlung der Rahmenteile hat sich Sachs in dieser Gruppe am häufigsten der traditionellen Techniken bedient, ist dabei jedoch keineswegs immer konsequent verfahren (s. Catholy, [150] S. 53 ff.). Als Reihenspiele des herkömmlichen Typus sind außer G 20 am ehesten noch G 2, 9 und 17 zu bezeichnen, jedoch hat die Reihung in ihnen gegenüber den Spielen des 15. Jhs eine andere Funktion erhalten, da sich die einzelnen Sprecher jeweils mit den Argumenten der übrigen auseinandersetzen, d. h. also de facto ein Streitgespräch führen, wie es auch den tatsächlichen Inhalt der meisten dieser Spiele bildet (s. Catholy [150], S. 56). Die literarische Verwandtschaft mit dem Kampfgespräch dokumentiert sich auch darin, daß Sachs G 1, 30 und 68 erst nachträglich zu Fspp. umgearbeitet hat bzw. umgekehrt, wobei er, wie ein Vergleich von G 1 und Nr 33 zeigt, am Text z. T. nur geringfügige Änderungen vorzunehmen brauchte. Auch in ihrem lehrhaften Charakter unterscheiden sich diese Spiele grundsätzlich von dem lediglich unterhaltenden Spieltypus des 15. Jhs, nur in der Behandlung des Schlusses gelangt das spezifisch Fastnachtspielmäßige, wenn auch in veränderter Form, noch zum Durchbruch. Denn ähnlich wie dies im 15. Jh. der Fall war, wird auch in diesen Spielen nur selten am Schluß eine eindeutige Position bezogen, vielmehr bleibt in einigen die Entscheidung offen oder wird noch einmal hinausgeschoben, und andere enden mit einer Versöhnung, d. h. einer gegenseitigen Annäherung der Standpunkte.

Charakteristisch dafür ist vor allem G 7, »Der milt und karg«, in dem sowohl der Geizige als auch der Verschwender zuletzt zu der Einsicht gelangen, daß jedes Übermaß, gleich welcher Art, verderblich ist. Mit dem „offenen Schluß" des Fsp. im 15. Jh. (s. Catholy [150], S. 22 ff.), wie er bei Sachs noch in G 2 u. 20 auftritt, hat dies allerdings nur noch äußerlich etwas zu tun. Denn stand hinter diesem, abgesehen von der spieltechnischen Funktion, das Eingeständnis der Unmöglichkeit von Entscheidungen überhaupt, so bedeutet das Streben nach Versöhnung und Ausgleich in den Fspp. von Sachs lediglich den Verzicht auf unbedingte Entscheidungen, da diese im Bereich des alltäglichen Lebens nicht realisierbar sind. Darin liegt eines der wichtigsten Unterscheidungsmerkmale, die Sachs' Fspp. von seinen Komödien und Tragödien trennen.

d) Spiele mit novellistischem Inhalt

Innerhalb des Geltungsbereiches des Fsp. gehören die Spiele der 2. Gruppe einem entgegengesetzten Typus an. Das Geschehen steht im Vordergrund, der Dialog ist streng handlungsbezogen, die Thematik bis auf wenige Ausnahmen (G 39, 69, 70) schwankhaft, das moralische Element spielt nur eine verhältnismäßig geringe Rolle, ja fehlt in einigen Fällen (G 40, 46, 57, 61, 74) ganz, und die Personen sind, statt lediglich Verkörperungen abstrakter Prinzipien zu sein, als lebensnahe Figuren gezeichnet. Die Anspielungen auf die Situation der Fastnacht sind stark zurückgetreten, Prolog und Epilog werden meist direkt in das Spiel einbezogen, und vor allem der Prolog erfüllt als Eingangsmonolog eines Spielers gelegentlich schon die Funktion der Exposition (andererseits zeigen gerade Spiele mit einer verwikkelten Handlung wie G 39, 84 u. 85 in den Rahmenteilen traditionelle Formelemente).

Die Spiele der 2. Gruppe stammen sämtlich aus der späteren Zeit. Das erste, das eindeutig hierher gehört, G 23, ist 1550 entstanden, dann folgen, um nur die typischsten zu nennen, G 32, 35, 39, 40, 42, 43, 45, 46, 56–58, 61, 62, 69, 70, 74, 76, 84 und in etwa auch 85, d. h. es handelt sich vorwiegend um Bearbeitungen aus Paulis »Schimpf und Ernst« und dem »Decamerone«, in denen Sachs in den Grundzügen bereits vorgeprägt fand, was für diese Spiele typisch ist, nämlich die straffe Handlung, den dramatischen Konflikt, die Intrige sowie die vordergründig schwankhafte Szenerie.

In der Art und Weise, in der Sachs die in seinen Quellen bereits vorgegebenen dramatischen Elemente noch verstärkte (s. Geiger [128]), glaubte besonders Catholy [151] einen bewußten Formwillen zu erkennen, der Gestaltungsprinzipien vorwegnahm, die sich erst im Dramentypus des 17. und 18. Jhs vollends durchsetzen konnten (S. 75). Das gilt jedoch nur bedingt; denn gerade unter den Spielen der 2. Gruppe gibt es eine ganze Reihe, die formal und aufbautechnisch ähnliche Charakteristika wie die Sachsschen Komödien und Tragödien aufweisen. Neben G 39 und 84 sind hier vor allem G 23, 27 und 35 zu nennen, alles Spiele mit einer verhältnismäßig verwickelten, über größere Zeiträume sich erstreckenden Handlung, die Sachs auf dem knappen Raum von kaum mehr als höchstens 500 Versen unterbringen mußte. Die immer wieder gerügten „Schwächen" der Meistersingerdramen finden sich, wenn auch in verringertem Maße, daher hier wieder, nämlich der Lakonismus der Sprache, der Verzicht auf Gestaltung von Atmosphäre, die Reduzierung der Personen auf bloße Handlungsträger, die willkürliche Behandlung des Zeitproblems usw., „Schwächen", die sich einerseits aufgrund des vordergründig schwankhaften Inhalts längst nicht so störend bemerkbar machen, sich aber andererseits gerade in diesen Fspp. kaum durch die konsequente Ausrichtung auf den Lehrgehalt legitimieren lassen. Denn in ihnen ist das lehrhafte Element so sehr in den Hintergrund getreten, daß es in einigen Fällen (s. S. 65 oben) noch nicht einmal zu einer Aufdeckung, geschweige denn Lösung des Konflikts kommt, aus der den handelnden Personen selbst heilsame Erkenntnisse erwachsen könnten.

Freilich lassen sich Pauschalurteile nicht fällen, da sich die genannten Charakteristika in kaum einem Spiel vollständig zusammenfinden. In G 76 etwa sind Stoff und Gehalt eng miteinander verschmolzen, obwohl Sachs in der Behandlung von Zeit und Ort recht willkürlich verfahren ist, in G 70 ist es ihm gelungen, mit Hilfe knappster sprachlicher Mittel eine eindrucksvolle Atmosphäre zu schaffen, und in G 42 hat er gegenüber seiner Quelle inhaltliche Veränderungen vorgenommen, durch die das Geschehen erst seine innere Abrundung erfahren hat.

e) Gestaltung von Szenen aus dem täglichen Leben

Wenn Petsch [139] die Fspp. von Sachs als die „erste in ihrer Art vollkommene Gestaltung des dramatischen Spiels in unserem neueren Schrifttum" bezeichnet hat, in dem „alle Wurzelformen der dramatischen Dichtung zum ersten Male ... zur organischen Einheit verschmolzen" sind (S. 22), so trifft dieses Urteil streng genommen nur für die 3. Gruppe der Spiele zu. Dabei handelt es sich um Spiele ebenfalls ausschließlich schwankhaften Inhalts, die jedoch statt novellistischer Stoffe kleine Begebenheiten aus dem alltäglichen Leben behandeln, ausgesprochen handlungsarm sind, sich auf die Gestaltung einer vorgegebenen Situation beschränken und vorwiegend vom Dialog und der schwankhaften Pointe leben.

Eine klare Abgrenzung gegen die Spiele der 2. Gruppe ist in einzelnen Fällen schwierig, jedoch lassen sich in erster Linie G 4, 10, 12, 18, 21, 28, 34, 37, 38, 49, 54, 64, 66, 67 u. 82 hier einordnen. G 22, dem Petsch [138] gerade unter diesem Aspekt eine eindringliche Analyse gewidmet hat, stellt ähnlich wie G 76 streng genommen einen Grenzfall dar, weil beiden die dramatische Geschlossenheit fehlt, die einen wesentlichen Reiz dieser Spiele ausmacht. Sachs hat sich schon recht früh an diesem Typus versucht und die Stoffe vorwiegend der eigenen Lebenserfahrung entnommen. Vor allem G 37, 38 u. 66 sind von der Forschung immer wieder als die gelungensten Fspp. von Sachs bezeichnet worden (s. u. a. Kindermann [141], S. 292 f.).

Charakteristisch für diese Spiele ist zunächst die gewollte Banalität der Thematik. Zur Gestaltung gelangen ausschließlich alltägliche Ereignisse vornehmlich aus dem Bereich der Ehe. Untreue, Eifersucht, Herrschsucht, Unverträglichkeit oder Geiz sind die „Konflikte", um die es geht, Mißhelligkeiten, die weder moralisierend erörtert noch in einer intrigenreichen Handlung zum Austrag gebracht, sondern nur als existent aufgezeigt, der Lächerlichkeit preisgegeben und damit unschädlich gemacht werden. Daher hat Sachs hier zumeist auf den verhältnismäßig aufwendigen Apparat äußerer Motivierungen verzichtet und sich statt dessen auf die Entfaltung einer einzigen Situation beschränkt: Zwei Bauern wollen einen Schinken holen und verraten dabei unfreiwillig, wie es um ihre Ehe bestellt ist (G 12), eine Frau will die Treue ihres Mannes auf die Probe stellen und fängt sich selbst in den von ihr ausgelegten Schlingen (G 38), ein Krämerpaar zankt sich darum, wer den Warenkorb zu tragen hat und löst damit eine Kettenreaktion von Streitereien aus (G 66) usw. — stets wird also lediglich etwas schon längst Bestehendes aufgedeckt, wobei von der Aufdeckung selbst für die Spieler bzw. Zuschauer schon eine heilsame Wirkung ausgeht. Eine Entscheidung oder Lösung gibt es am Schluß in der Regel nicht. Wer den Krämerkorb tragen muß, bleibt bis zuletzt ungeklärt, der gestohlene Fastnachtshahn in G 21 kommt nicht wieder zum Vorschein, und selbst in dem relativ kompliziert gebauten Spiel G 37 »Der fahrendt Schuler mit dem Teuffelbannen« nützt der Schüler die bestehende Dreieckssituation lediglich aus, ohne an dieser selbst etwas ändern zu wollen. Gestaltungstechnisch hat diese Beschränkung bedeutsame Konsequenzen. Die Einheit von Zeit und Raum bleibt fast immer gewahrt, und Sachs erreichte auf diese Weise nach außen eine größere Dichtigkeit und Geschlossenheit der Darstellung, der im innern eine erhöhte Anschaulichkeit und bewußtere sprachliche Durchformung entspricht. Denn dadurch, daß es in diesen Spielen kaum eine nennenswerte Handlung gibt, die sprachlich realisiert werden müßte, wird der Dialog frei für die Charakterisierung der Personen und die lebendige Ausgestaltung der Szenerie. Wirklichkeitsgetreu gezeichnete Figuren, die in ihrem Verhältnis zueinander über vielfältige Reaktionsmöglichkeiten verfügen und trotz der stets beibehaltenen Typisierung durchaus komplexe Eigenschaften besitzen, finden sich daher fast ausschließlich in der 3. Gruppe, und in einigen Fällen, etwa der Bäuerin in G 37 oder den drei Paaren in G 66, sind Sachs Typen gelungen, die in ihrer Lebensechtheit in der Literatur des 16. Jhs einzig dastehen. Das liegt nicht zuletzt daran, daß hier im Gegensatz zu den Komödien und Tragödien eine Diskrepanz zwischen Handlung und Handlungsträger nicht existiert, da die mit typischen Eigenschaften ausgestatteten Figuren nicht in exzeptionellen, sondern in ebenfalls typischen Situationen gezeigt werden und darin glaubhaft agieren können.

Mit den geschilderten Charakteristika hängt es zusammen, daß sich vornehmlich in den Spielen der 3. Gruppe eine spezifische *Komik* entfalten konnte, die mit der *Moral* der Stücke aufs engste verknüpft ist. Denn die Moral wird in ihnen nicht abstrakt formuliert, sondern ergibt sich organisch aus dem Verlauf des Spielgeschehens, ist das natürliche Ergebnis, in das es einmündet, was nichts anderes heißt, als daß die Moral ihrerseits „alltäglichen "Charakter hat und ähnlich wie in den Schwänken (s. S. 48) nicht mehr mit unbedingtem Anspruch auftritt. Verzichtet auf Streit, Eifersucht oder Mißgunst, haltet Frieden, vertragt euch – so oder ähnlich lauten die Lehren, die Sachs am Ende dieser Spiele von einer der Personen verkünden läßt mit der Begründung, die am Schluß von G 38 eine geradezu klassische Formulierung erhalten hat, nämlich: „Wer ist der, der sich nie vergaß?" (Z. 240).

Diese Frage, die im Spiel »Das heiß Eysen« den betrogenen Ehemann dazu veranlaßt, seiner treulosen Frau zu verzeihen, erhellt am deutlichsten den Anspruch und die Zielsetzung des Sachsschen Fsp., die er in den Spielen des 3. Typus am reinsten verwirklichte. Sachs wollte hier keineswegs nur unterhalten, er wollte aber auch nicht strafen, sondern wollte durch Lachen heilen und verzichtete darum – in der dramatischen Literatur des 16. Jhs eine durchaus einmalige und neuartige Erscheinung – auf die Verfechtung eines unbedingten, in der metaphysischen Wertordnung verankerten sittlichen Standpunktes. Damit aber hat er innerhalb des engen Bereiches des Fsp. als erster die Voraussetzungen für das Eindringen echter Komik in die deutsche Bühnenkunst geschaffen, wie sie weder das Fsp. des 15. Jhs kannte noch wie sie sonst aus inneren Gründen im Drama des 16. Jhs möglich war. Mit Recht hat man daher Sachs wiederholt, zuletzt und am eindringlichsten Catholy [151], an den Anfang der Geschichte des neueren deutschen Lustspiels gestellt.

Lediglich hingewiesen sei zum Schluß noch auf einige Fspp. der spätesten Zeit, nämlich Nr 79, 80, 83 u. auch 85, in denen sich, z. T. unter Verzicht auf jegliche Handlung, eine spezifische Sprachkomik entfaltet, die im Zusammenhang etwa mit dem »Volksbuch von Ulenspiegel«, dem »Lalebuch« und ähnlichen Texten des 16. Jhs einer besonderen Analyse bedürfte.

f) Die Bühne

In der theatralischen Darbietung unterscheiden sich die Fspp. weitgehend von den Komödien und Tragödien, da Sachs in diesem Fall auf eine seit längerem bestehende Spieltradition zurückblicken konnte. Wie dies im 15. Jh. ausschließlich der Fall gewesen war, wurden auch seine frühen Fspp. zunächst in Wirtshäusern oder Privatwohnungen ohne eigentliche Bühne oder aufwendige Requisiten aufgeführt, worauf verschiedene Anspielungen in den Texten hindeuten (s. Pelzer [161]). Ob sich in der späteren Zeit, möglicherweise unter dem Einfluß der Meistersingerbühne, Entscheidendes an dieser Aufführungspraxis änderte, d. h. auch für die Fspp., wie Lussky [165] annahm, eine eigene Bühne mit komplizierteren Aufbauten geschaffen wurde, ist umstritten, jedoch stützt sich Kindermann [141] in seiner Darstellung S. 296 ff. weitgehend auf ihn. Fest steht aber, daß auch in den Fspp. von Sachs im Gegensatz zur Gepflogenheit des 15. Jhs die Spieler auf- und abtraten, worauf u. a. die Tatsache hindeutet, daß ein Schauspieler in einem Stück mehrere Rollen übernehmen konnte, so daß also, wenigstens in Ansätzen, eine gegenüber den Zuschauern verselbständigte Spielwelt gegeben war. Nach dem S. 59 erwähnten Ml. Nr 3520 zu urteilen, sind die Sachsschen Fspp. spätestens seit 1534 ständig aufgeführt worden; ihren Aufführungsstil hat man sich nach Kindermann [141] im Gegensatz zu den Komödien und Tragödien karikierend und grotesk übertreibend vorzustellen.

IV. WIRKUNGS- UND FORSCHUNGSGESCHICHTE

1. DAS NACHLEBEN VON SACHS

Die Ansichten über die künstlerische Bedeutung von Sachs waren während der vier Jahrhunderte, die seit seinem Tod vergangen sind, vielfältigen Schwankungen unterworfen. Dabei wurden die Urteile, die man im Laufe der Zeit über ihn gefällt hat, positive ebenso wie negative, nicht selten statt von sachlicher Einsicht vom herrschenden Kunstgeschmack oder vorgefaßten Überzeugungen diktiert und hatten daher meist etwas Polemisches an sich. Die Geschichte des Nachlebens von Sachs, bis ins 19. Jh. hinein vor allem von Eichler [174] gewissenhaft nachgezeichnet, ist daher zugleich auch ein Stück deutscher Literatur- und Kulturgeschichte.

Sie läßt sich, sieht man von Sachs' unmittelbarer Wirkung noch im 16. Jh. ab, in etwa in drei Epochen einteilen:
1) Die Zeit des Barock und der Aufklärung, in der Sachs als Dichter zunächst in Vergessenheit geriet, bis er in den Literaturfehden des beginnenden 18. Jhs als Prototyp des stümperhaften Dichterlings eine ruhmlose Wiederauferstehung feierte.
2) Die Zeit von der Mitte des 18. bis gegen Ende des 19. Jhs, in der Sachs, vom jungen Goethe und seinem Kreis wiederentdeckt, als Schuhmacherpoet selbst in die Kunst Eingang fand und schließlich in Wagners »Die Meistersinger von Nürnberg« zum Inbild deutschen Biedersinnes verklärt wurde, als das ihn die breite Öffentlichkeit bis heute sieht.
3) Die Zeit seit ca 1870, in der nach der Wiederauffindung der Hss. die eigentliche Sachs-Forschung einsetzte, deren Impulse jedoch nicht ausschließlich wissenschaftlicher, sondern mindestens ebenso sehr politischer Art waren. Ihren Höhepunkt bildete die 400-Jahrfeier von Sachs' Geburtstag 1894, zu der eine wahre Flut von wissenschaftlichen und populären Schriften erschien.

Daß Sachs' Dichtungen bis ins 17. Jh. hinein verhältnismäßig weit verbreitet waren und allgemein gelesen wurden, bezeugen u. a. die mehrfachen Auflagen von Fol. und ihre Neubearbeitung in K, sowie vereinzelte Übersetzungen in fremde Sprachen. Abgesehen von seiner mehr internen Bedeutung für den späten Ms., der ihn als eines seiner großen Vorbilder feierte, lag seine literarische Wirkung vor allem auf dem Gebiet des Dramas und Theaters. Jacob Ayrer (1544–1605) hat unter seinem Einfluß zu schreiben begonnen (s. Roberton [169]), Aufführungen seiner Stücke fanden bis Ende des Jhs in mehreren deutschen Städten statt, und verschiedene Plagiate und Nachdichtungen sprechen für ihre damalige Beliebtheit – 1646 wurde seine Tragödie von »Lorenzo und Lisabeta« (Nr 1924) sogar vor dem Dresdner Hof gespielt. Schon um die Jahrhundertwende wurden jedoch seine Dramen durch die englischen Komödianten überall, auch in Nürnberg, von der Bühne verdrängt, und nachdem sich das barocke, an der französischen und italienischen Literatur orientierte Kunstideal einmal durchgesetzt hatte, war es mit seinem Fortleben auch auf anderen Gebieten fast plötzlich zu Ende. Bereits Opitz hielt seinen Namen nicht einmal mehr für erwähnenswert, Gryphius verspottete ihn und seine dichtenden Zunftgenossen im »Peter Squentz«, und wenn man ihn im späteren 17. Jh. überhaupt noch zur Kenntnis nahm, so, von ganz wenigen Ausnahmen abgesehen, als Vertreter einer glücklicherweise überwundenen Kunst- und Kulturstufe, auf die man mit Verachtung oder Mitleid herabsehen konnte. Daß dieser produktivste und in vieler Hinsicht typischste deutsche Dichter des 16. Jhs so schlagartig in Vergessenheit geraten konnte, ist ein Zeichen für die tiefe geistige Kluft, die das Zeitalter des Barock von der vorangegangenen Epoche trennt, eine Kluft, die nach außen hin sichtbarer in Erscheinung tritt als diejenige zwischen dem 15. und 16. Jh., was viele Literarhistoriker dazu bewogen hat, zumindest für den deutschen Kulturbereich den Beginn der Neuzeit erst im Frühbarock anzusetzen.

Merkwürdigerweise gelangte Sachs' Name zu erneuter, wenn auch trauriger Berühmtheit ausgerechnet in dem Augenblick, als die Vertreter der jungen Aufklärung sich ihrerseits gegen die vergangene Literaturepoche auflehnten und dem barocken Sprach- und Kunststil den Kampf ansagten. 1701 verfaßte Christian Wernicke sein »Heldengedicht Hans Sachs«, in dem er in der Gestalt des Schusterpoeten mit dem Kunstgeschmack Hoffmannswaldau-Lohensteinscher Prägung abrechnete. Die Angegriffenen zahlten mit gleicher Münze heim, und bald wurde Sachs in zahlreichen Pamphleten zur beliebten Karikatur für den literarischen Gegner gleich welcher Art und Richtung; selbst im Streit zwischen Gottsched und Bodmer – letzterer gab Wernickes Spottgedicht neu heraus – mußte sein Name in dieser Weise noch herhalten. Dabei bediente man sich in diesen Pamphleten zur Kennzeichnung des schlechten sprachlichen Stils der jeweiligen Kontrahenten des sog. Knittelverses, der sich vom streng regelmäßig gebauten Sachsvers durch die Füllungsfreiheit der Senkungen unterschied und von Goethe später irrtümlicherweise mit diesem identifiziert wurde (s. S. 21). – Erst allmählich bahnte sich dann, zunächst von gelehrten Kreisen ausgehend, eine gerechtere Beurteilung von Sachs an. Schon 1697 erschien Wagenseils »Von der Meister-Singer Holdseligen Kunst« (die Hauptquelle für Wagners »Meistersinger«), in der Sachs lobend genannt wurde; Gottsched, der sich 1757 in dem »Nöthigen Vorrath zur Geschichte der Deutschen Dramatischen Dichtkunst« um eine sachliche Würdigung seiner Dramen bemühte, begann auch seine Mll. systematisch zu sammeln, und 1765 verfaßte Salomon Ranisch [25], angeregt durch ein Sachs fälschlicherweise zugeschriebenes Kirchenlied (s. S. 38), die erste Sachsbiographie.

Der eigentliche Anstoß zu einer Neu- und Umwertung aber ging wiederum von literarischer Seite aus, und zwar, in der Auflehnung nunmehr gegen Aufklärung und Empfindsamkeit, von Goethe und Wieland. In einer von der Sachsforschung viel zitierten Passage im 18. Buch von »Dichtung und Wahrheit« hat GOETHE geschildert, wie er und seine Freunde in der Frankfurter Zeit auf der Suche nach einem „Boden", „worauf man poetisch fußen könne", schließlich auf Sachs stießen und dessen „didaktische(n) Realism" und „leichten Rhythmus" als geeignet zur „Poesie des Tages" in zahlreichen Gelegenheitsdichtungen nachahmten (Hamburger Ausg. 10, S. 121 f.). Goethe war es auch, der den vielgeschmähten, wenn auch zu Unrecht mit Sachs' Namen verknüpften Knittelvers literaturfähig gemacht und dem zuvor so verachteten Dichter zu allgemeiner Anerkennung verholfen hat (zu Einzelheiten vgl. Suphan [170]). 1776 erschien im ›Teutschen Merkur‹, zusammen mit einem von Wieland verfaßten kurzen Lebensabriß und zwei kleineren Sachsschen Dichtungen, Goethes Gedicht »Hans Sachsens poetische Sendung«, von der Forschung neben Wagners »Meistersingern« allgemein als das schönste künstlerische Denkmal bezeichnet, das Sachs je gesetzt wurde. Ein von Wieland unterstützter Aufruf zur Subskription einer neuen Sachsausgabe, der zwei Jahre später erschien, nachdem Goethe 1777 das Fsp. vom »Narrenschneiden« zur Aufführung gebracht hatte, blieb freilich ohne Erfolg, dennnoch war es, wie sich Eichler [174] S. 197 schwungvoll ausdrückte, der „Weimarer Musenhof", an dem Sachs „wieder in seine Rechte als Poet förmlich und feierlich eingesetzt" wurde, um „von dieser Höhe niemals wieder in sumpfige Niederungen herabgezerrt" zu werden.

Es dauerte jedoch noch verhältnismäßig lange, ehe diese „Wiedereinsetzung" dem Verständnis des Sachsschen Werkes zugute kam; denn unter dem Einfluß der romantischen Schwärmerei für die „altdeutsche" Vergangenheit wurde Sachs selbst zunächst zu einer literarischen Figur, deren sich, meist mit sehr geringem künstlerischen Erfolg, zahlreiche Dramatiker bemächtigten. BABE-RADT [175] zählt etwa 20 solcher im 19 Jh. entstandenen Sachs-Dramen auf, unter denen das Schauspiel von Deinhardtstein, das 1828 in Berlin aufgeführt wurde (und zwar mit einem Prolog von Goethe), das erste und wirkungsmächtigste war. Sie handelten meist von der romanhaft ausgeschmückten Liebes- und Ehegeschichte des jungen Sachs und verdienen Erwähnung nur insofern, als sie zeigen, daß auch Wagner in einer literarischen Tradition stand, als er den Text zu den »Meistersingern« schrieb. Die »Meistersinger«, 1868 zuerst aufgeführt, sind nicht die erste Sachsoper — u. a. ging Lortzing Wagner voraus —, bilden aber unstreitig den von keinem anderen auch nur annähernd erreichten Höhepunkt dieser Phase der künstlerischen Sachsrezeption und haben die allgemeine Vorstellung von ihm nicht nur bis heute entscheidend geprägt, sondern weithin überhaupt erst ins Leben gerufen. — Gegen Ende des Jhs verlagerte sich infolge der Reichsgründung der thematische Akzent in den Sachs-Dramen (vgl. das »Vaterländische Schauspiel« von Otto Haupt 1890 und Martin Greif 1894), und daß auch die Forschung von dieser halb modisch literatenhaften, halb national politischen Sachsbegeisterung nicht unbeeinflußt blieb, zeigt u. a. die Tatsache, daß Genée, Verfasser einer der wichtigsten Sachsmonographien [34], anläßlich der Feier von 1894 auch ein Festspiel auf den Dichter verfaßte.

Zum Thema „Sachs in der Dichtung" vgl. auch Sahr [33], ZfdU 6, S. 590 ff., und Schottenloher [9], S. 212 f., der auch noch einige Sachsromane und -erzählungen aus dem 20. Jh. anführt.

Die eigentliche *Forschung* setzte, nachdem 1852 die Zwickauer Hss. wiederaufgefunden worden waren (vgl. im einzelnen Beare [10]) und Weller [1] 1868 eine erste Bibliographie veröffentlicht hatte, zunächst nur zögernd ein, erhielt dann aber raschen Aufschwung durch die Arbeit an der großen Ausgabe (KG) und die Vorbereitungen zur 400-Jahrfeier, die, vor allem in Nürnberg, aber auch in vielen anderen deutschen Städten begangen, einem nationalen Fest gleichkam (s. Hampe [172]). Die Sachsforschung war von Anfang an durch zwei verschiedene, im Grunde einander ausschließende Richtungen gekennzeichnet, nämlich erstens durch die streng philologische Arbeit der Textherstellung, Stoffuntersuchung, Motivforschung usw. (die Namen von Goedeke, Keller, Goetze und Drescher sind hier vor allem zu nennen, wobei sich Goetze durch seine jahrzehntelange Editionstätigkeit um Sachs zweifellos die größten Verdienste erworben hat), zweitens durch die sowohl kulturhistorisch als auch kulturpolitisch orientierten Bemühungen um die Persönlichkeit des Dichters, in dem man die ideale Verkörperung echten deutschen Bürgertums zu erkennen glaubte.

Welche politischen Vorstellungen hinter dieser Auffassung standen, zeigt sich u. a. sehr deutlich bei Sahr [33], der 1895 äußerte, es seien stets die „Zeiten frischen nationalen Aufstrebens" gewesen, in denen Sachs etwas gegolten habe, während man in den Zeiten der »Herrschaft des Ausländischen und Fremden" keinen Sinn für seine Größe besessen hätte (ZfdU 9, S. 675). Umgekehrt versuchten auch die Sozialdemokraten in jener Zeit, Sachs für das „arbeitende Volk" in Anspruch zu nehmen (s. Sahr [33], ebda, S. 672, Anm. 1).

Mit Ausnahme der großen Arbeit von Schweitzer [32] sind daher nahezu alle um die Jahrhundertwende entstandenen Monographien und Aufsätze zur geistigen und politischen Haltung des Dichters (sehr viel weniger dagegen die Untersuchungen über sein Verhältnis zur Reformation) stark apologetisch gefärbt und heute nur noch von bedingtem Wert. Das gilt erst recht für die Darstellungen (u. a. Nohl [43] u. Landau [44]), die sich z. T. unter dem Einfluß der Wandervogelbewegung, die an Sachs vor allem die volksgebundene Natürlichkeit schätzte, vorwiegend auf die romantisierende Schilderung altdeutschen Nürnberger Volkslebens beschränkten. Alles in allem haben wir dieser großen Zeit der Sachsforschung, die in etwa von 1880–1910 reicht, nahezu alles zu verdanken, was wir an zuverlässigen Texten, Fakten, konkreten Kenntnissen usw. von und über Sachs besitzen. Da im übrigen aber die Bewunderung, die man Sachs in jener Zeit allgemein entgegenbrachte, fast ausschließlich der Persönlichkeit, d. h. dem aufrechten Protestanten und autoritätsgläubigen Bürger galt, war der literarhistorische Ertrag ziemlich gering, was u. a. darin zum Ausdruck kommt, daß es von letztlich unwichtigen Einzelfragen abgesehen eigentliche Forschungskontroversen nicht gegeben hat.

Etwa seit 1920 trat das öffentliche Interesse an Sachs ebenso wie an der übrigen deutschen Literatur des 16. Jhs spürbar zurück, aus Gründen, die im Rahmen einer Geschichte der deutschen Philologie näher zu erörtern wären. Der Herrmann-Köster-Streit um die Meistersingerbühne zog noch einmal die allgemeine Aufmerksamkeit an sich, dann aber wurde es für längere Zeit um Sachs auffallend still. Die wenigen Untersuchungen jedoch, die danach erschienen sind, bemühten sich meist um eine sachliche Erhellung seines Werkes und haben auf einigen Teilgebieten zu wichtigen Ergebnissen geführt (zu nennen sind

u. a. vor allem die Arbeiten von Wolff [45], Cattanès [132] und Beck [135, 136]). Erst seit der Mitte der 50er Jahre etwa, dem Zeitpunkt des Erscheinens von Geigers Untersuchung zu Sachs' Ms. [106], beginnt sich die Forschung wieder stärker mit Sachs zu beschäftigen, was bisher in erster Linie den Fspp. (vgl. vor allem Catholy [151]) zugute gekommen ist.

2. Forschungsaufgaben

Die noch offenstehenden Forschungsaufgaben ergeben sich aus dem eben Skizzierten von selbst. Abgesehen von den verschiedenen näher zu untersuchenden Teilproblemen, auf die in den einzelnen Abschnitten hingewiesen wurde, bleibt eine neue, streng sachbezogene Sachsmonographie, die den neuesten wissenschaftlichen Erkenntnissen Rechnung trägt, die wichtigste Forderung (die in neuerer Zeit unter je verschiedenem Ansatzpunkt unternommenen Versuche von Hinker [47] und Wendler [50] können nur als gescheitert bezeichnet werden). Darüberhinaus müßte weit eindringlicher als bisher der Versuch unternommen werden, Sachs Dichtungen mit Hilfe moderner Methoden, wie sie die Literaturwissenschaft inzwischen erarbeitet hat, zu erschließen und hinsichtlich ihres Formwillens und Ausdrucksgehaltes zu analysieren, was bisher fast ausschließlich für das Fsp. geleistet worden ist. Derartige Versuche haben jedoch nur Aussicht auf Erfolg, wenn man auf voreilige Wertungen verzichtet und unter möglichst umfassender Einbeziehung des übrigen deutschen Schrifttums des 16. Jhs der besonderen Rolle Rechnung trägt, die der Literatur in jener Zeit allgemein zuerkannt wurde.

Die in den neueren Literaturgeschichten immer wieder ausgesprochene Überzeugung, daß Sachs' Leistung im wesentlichen historisch zu bewerten sei und der moderne Leser keinen Zugang zu seinem Werk mehr besitze, besteht sicher zu recht. Mit Ausnahme einiger Fspp., die seit den zahlreichen Aufführungen anläßlich der 400-Jahrfeier 1894 zum beliebten Repertoire der Laienspielbühnen gehören, gibt es nur ganz vereinzelte Texte, denen heute noch ein breiteres Publikum Geschmack abgewinnen oder Verständnis entgegenbringen könnte. Dennoch bleibt die Beschäftigung mit Sachs über das rein literarhistorische Interesse hinaus für jeden nützlich und wichtig, der sich mit den spezifischen Aufgaben und Leistungen von Sprache und Literatur auseinanderzusetzen versucht. Denn die bewußtseinsbildende

Funktion der Literatur und die Bedeutung, die ihr für den Aufbau und die innere Festigung einer Gesellschaftsordnung zukommen kann, läßt sich an kaum einem anderen Dichter besser studieren als an Sachs, da nirgends sonst ein annähernd vielfältiges und hinsichtlich seiner Intentionen zugleich homogenes Material zur Verfügung steht.

NAMEN- UND TITELREGISTER

(Die im Text erwähnten Titel Sachsscher Dichtungen
werden nicht aufgeführt.)

SACHREGISTER

SAMMLUNG METZLER

J. B. METZLER STUTTGART